想いと頭脳で稼ぐ新しい働き方

完全版

「20円」で世界をつなぐ仕事

TABLE FOR TWO
International 代表理事
小暮真久

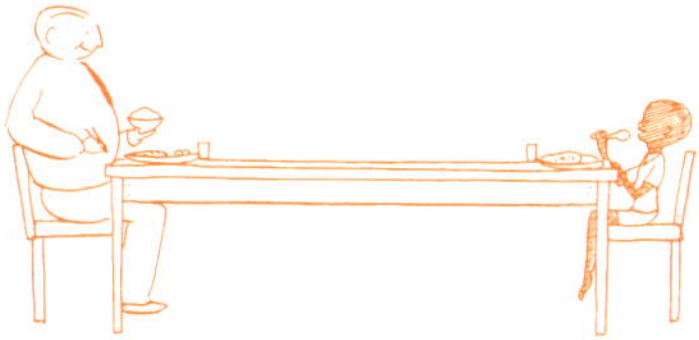

ダイヤモンド社

完全版に寄せて

仕事って何だろう？

約十年前、本書『「20円」で世界をつなぐ仕事』を執筆するにあたって、僕はこの問いからはじめることにしました。

当時は、「社会起業家」という言葉が大きな注目を浴び、まさに「ブーム」と呼べるほどの盛り上がりを見せていました。

「想い」を実現して、しかも「利益」も上げる。そんな新しい働き方は、リーマンショックという大きな経済危機の中、自分の人生、自分の仕事を見つめ直していた多くの人たちの考え方に一石を投じたのでしょう。

本書も、そんな流れに乗り、特に多くの若い人たちから、

「将来、自分が挑戦してみたいことのイメージがつかめました」

「自分の親が読んでいたので、手にしてみたら、夢中になり一気に読み終えました。ぜひ自分の大学でも取り組んでみようと思います」

「入社して一年が経っても、仕事に意義を見出せずモヤモヤしていたのですが、その理由が理解できました」

という声が寄せられました。

実際、大学生が自分の大学の学食にＴＦＴメニューを置くよう活動する「TABLE FOR TWO University Association」が生まれたり、インターンをしていた卒業生がアフリカと日本をつなぐ社会的事業を興したりと、本が縁で行動を起こすというケースにもつながりました。そうした人たちの「自分にも何か意味のある仕事ができるはずだ」という気持ちに火をつけられたことは、何よりもうれしいことでした。

一方で、かつての「はじめに」でも述べたとおり、

「社会事業なんて仕事じゃない」

「善意のある人が無償でやるべきこと」

という声は、本書刊行から十年経った今も根強く残っています。

それでは、やはり社会起業家とは、一時のブームだったのでしょうか。

僕の答えは、こうです。ブームで終わってなんかない。いや、むしろますます大きな役割が求められている、と。

現在の世の中にあふれる問題は、私たちにより難しい要求を突きつけています。十年前にあった社会問題は、解決に向かっているものも、確かにあります。しかし、ますます深刻化、複雑化しているものも少なくありません。たとえば、貧富の差はますます広がり、気候変動も待ったなしのところまできています。TFTが取り組む問題においても、飢餓人口は微減と少しは貢献できたものの、世界の肥満人口は、当時の十億人から二十億人にまで悪化してしまいました。

さらに、TFTの支援先であるアフリカ諸国では、急激な経済成長と人口増加によって電力供給が追いつかず、エネルギーの問題が深刻化しています。また、世界の中でも特に水源が乏しいヨルダンでは、気候変動や大量のシリア難民を受け入れたことで深刻な水不足に悩まされています。

社会問題は、ますます深刻化、複雑化しています。もはや、ただ利益のためだけに働くのでも、ただ世の中によいことをするのでも、解決は難しいのです。そこで求められているのが、社会起業家のように働くことだと僕は考えています。

では、社会起業家のように働く、とはどういうことなのでしょうか。

それは、その問題解決のしくみや体制を持続可能なものにするために、ビジネスの発想、知識、リソースを活用することができること。プロフェッショナルとして高いレベルの仕事をすることで、それに見合った報酬を得られること。そして、その仕事自体にワクワクして、問題解決に無上の喜びを感じることができること。

そんな働き方ができる人材へのニーズや重要性が増していることは、日々の仕事の中でも感じますし、ダボス会議などの国際会議の場でも熱く議論されています。

こうして、理想論だけを掲げた絵空事のように受け取られがちな「社会起業家」という仕事は、この十年で、少しずつではありますが、一つの確固たる職業として認められるようになってきました。

僕は、その過程で、何度もこの本を拠り所にしてきました。なぜなら、「新しい働き方」の要点は、すべて十年前のこの「20円本」に書かれていたからです。ある意味、時代を「先取り」していた本であり、だからこそ十年が経った今でも通用する内容なのだと確信しています。

そうした思いから、このたび、ＴＦＴのこの十年を書いた新章（２１９ページ〜）を追加した上で、完全版として再び世の中に送り出すことにしました。ただし、19ページから始まる旧「20円本」の記述や数値、人物の肩書きなどについては、あえて当時のままにしています。その方が当時の熱を感じとっていただけるというだけでなく、新章と比較することで、この十年で僕たちＴＦＴがどこまで成長できたかを見ていただけると考えたからです。

果たして僕たちＴＦＴはこの十年で、どこまでたどりつけたのか。そして、本当に新しい働き方を示すほどの成果を出し続けられているのか。

ぜひ、この完全版で確かめてみてください。そして、十年の時を経てよみがえったこの本を読んだことをきっかけに、新たな一歩を踏み出し、天職に出会えた、という人が増えるなら、これに勝る喜びはありません。

二〇一八年十月　小暮真久

TABLE FOR TWO
おや おや
こりゃ 立派な おなかだ
そうか

食堂
さて 今日のおひるは
TABLE FOR TWO ?
低カロリー！
どれ どれ
TABLE FOR TWO
2人の食卓

目次

【完全版】「20円」で世界をつなぐ仕事

第1章 TFTのビジネスモデルと苦難の創業期

第2章

世界最高峰のコンサル会社からNPOへの転身

僕が自分の「想い」を見つけるまで……90

第3章

社会起業にビジネススキルをいかす

Profit【利益・成果】——収益を上げ続け、最適な投資をする……162

終章

「しくみ」と「想い」が大きなつながりをつくる

増補

「想い」と「しくみ」は十年でどこまで届いたのか？
――これまでのTFT、これからのTFT

はじめに

社会起業家という仕事

仕事って何だろう?

モノやサービスをつくったり売ったりして利益を上げる、あるいは、そういうことを行っている企業に所属して自分の力を役立たせること。

おそらく、ほとんどの人は、そんなふうに考えているのではないでしょうか。

資本主義の経済では、利益追求の競争によって社会が発展していくという前提があるので、どうしても「仕事は会社の利益を上げるためにする」という考え方が主流になります。

だから、僕のやっているような、「社会事業」というもの、そして「社会起業家」と呼ばれる人々のやっていることが一般の人から仕事として理解されにくいのは、当然のことだといっていいでしょう。

でも、社会事業というものは、利益を追求しないわけではないのです。主に社会事業を担っている団体の総称が「非営利団体」だというのも、誤解を受ける一因なのですが、「利益を上げなければ事業活動が継続できない」という点は、一般の事業も社会事業も同じです。

違うのは上げた利益の使い道です。一般の事業では、利益は主に出資した株主に還元されます。対して社会事業では、利益は再び社会を変えるための活動に使われるのです。

現在、世界の政治や経済のシステムは、残念ながら完璧とはほど遠い状態にあります。そうでなければ、地球温暖化、貧困や格差、紛争やテロなどの地球規模の課題がこれだけ起こっている理由を説明できません。そして、完璧ではないからこそ、誰かがその矛盾や歪みを正していく役割を引き受けなければならないのです。

もちろん、それは国や政治家の仕事でもあります。けれども、グローバル化が進み、国境を越えて資本や情報が行き来する現代においては、多くの社会問題はもはや国単位の取り組みでは意味をなさず、国や政府といった既存の枠組みを超えて解決を図らなければ、どうにもならないところまできているのです。

また、今こうしている間にも、救いの手を必要とする人がいるという現実を前にして、いずれ為政者がなんとかするだろう、などと悠長なことを言っている余裕はありません。

そんな社会が抱えている問題に光を当て、解決策を模索し、人類全体が幸せになる方向に国や人々を導く。僕がやっているのはそういうことであり、それが社会起業家という人たちなのだと思います。

「就職先」としての社会事業

日本では、社会事業というと、正義感の強い人が集まって手弁当で行う善意のボランティアや左翼系の思想活動のように思われがちですが、それは正しくありません。確かにそういった団体や活動があるのも事実でしょう。でも、僕のやっている社会事業は、あくまでビジネス＝仕事なのです。

仕事である以上、厳しく結果を求められるし、その結果に対する責任も生じます。利益を上げ続けるためには緻密な戦略も練らなければなりません。営業やマーケティング、ファイナンスなどの知識やスキルも要求されます。

そう見ていくと、目指すゴールがちょっと違うだけで、やっていることは一般の事業とたいして差はないのです。また、そこで働く人は、定時に出勤し、営業に出るときはスーツを着てネクタイを締め、月末には給料を受け取るという点も、一般的なビジネスパーソンと変わりないと言えます。

社会事業を仕事にしているからといって、清貧の暮らしを強いられるとか、既にビジネスで成功した人だけにしかやる資格がない、というのも誤解です。

今どき、「会社のために生活のすべてを犠牲にする」という人がいないように、「人生を捧げなければ社会事業なんてできない」と考えるのはまったくのナンセンスです。

ただ、日本では社会事業は歴史が浅い上に、それがどういうものかという説明もこれまで十分されてこなかったので、正しく理解されていないのは仕方がない面もあります。正直に言えば、僕自身も以前から社会事業に関心はありましたが、それが仕事として成り立つという実感が持てるようになったのは、実際に自分がそこに飛び込んで、さらにしばらく経ってからのことでした。

もちろん、これまでも本業に加えて社会貢献に熱心に取り組む企業はたくさんありました。でも、今起こっている変化は、「社会事業そのもの」をビジネスとする企業や団体がどんどん増え、そこを働く場とする人もどんどん増えている、という事実なのです。

僕はこの本を通じて、一般の企業で働くことも、社会事業を行う団体で働くことも、単なる職種の違いでしかないということを、ちゃんと説明していきたいと思います。

就職先や転職先の選択肢として社会事業もある、ということはもっと広く認知されていいはずです。今、この新しい分野の仕事はどんどん増えているのです。「社会を変えたい」という想いとチャレンジ精神のある人にとって、社会の歪みを改め、よりよくしていく、というこの分野の仕事は、とてもやりがいのあるものに感じられるはずです。

誰もが、お金をたくさん稼げばそれだけ幸せだと感じるわけではないでしょう。中には人を笑顔にしたり、感謝の言葉をかけてもらったりすることを、お金をたくさん稼ぐよりも価値がある、と感じる人もいることでしょう。

そういう人たちが、そんな自分の想いを実現できる仕事があるって、素晴らしいことだと思いませんか？

テーブル・フォー・ツーって？

NPO法人「TABLE FOR TWO International（テーブル・フォー・ツー＝TFT）」の事務局長、というのが、現在の僕の肩書きです。

全世界にいる六十七億人のうち十億人が、食事や栄養を十分に摂ることのできない貧困状態に置かれています。その一方で、日本を含む先進国では、ほぼ同じだけの数の人が、食べ過ぎによる肥満や生活習慣病に悩んでいるのです。

TFTはこの「食の不均衡」を解消し、先進国と開発途上国の人々をともに健康にすることを目指し、二〇〇七年二月に発足しました。

TFTがやっていることを簡単に説明しましょう。

社員食堂を持つ企業や団体と提携して、通常より低カロリーで栄養バランスのとれた特別メニューを提供してもらいます。そして、そのメニューの価格は二十円を上乗せして設定します。その二十円は寄付金としてTFTを通じてアフリカに送られ、現地の子どもたちの給食費にあてられます。つまりは、「食糧が余っている先進国」と「食糧が足りない開発途上国」の、世界的な食糧の不均衡を解決する、というしくみなのです。
「二十円」という値段には大きな意味があります。
二十円は、ＴＦＴが支援しているアフリカの子どもたちが学校で食べる給食一食分の値段なのです。つまり、ＴＦＴのヘルシーメニューを選ぶと、その人は自動的にアフリカの子どもに給食を一食寄付したことになる、という寸法です。

普通にランチを食べることがそのまま社会貢献になるので、面と向かって寄付だ募金だ、と言われると思わず構えてしまう人も、抵抗なく参加することができます。いいことをしながら自分自身も健康になれるので、これまでのボランティア活動にありがちだった義務感や心理的強制といった重苦しさがないところも、ＴＦＴの活動が多くの人に支持される理由になっています。ＴＦＴを導入した企業側が、ＣＳＲ（企業の社会的責任）活動として対外的にアピールできることもポイントです。

ＴＦＴは創設されてからまだ二年。動き出したばかりなので、もちろん不十分な点もたくさんあります。でも、まだそんな段階にあるにもかかわらず、既に約百もの企業・団体がＴＦＴに参加してくださり、六十万食の給食をルワンダ、ウガンダ、マラウイの三ヵ国の子どもたちに送ることができました。六十万食の給食というのは、延べ六十万人の人がTFTに参加してヘルシーメニューを食べてくれた、ということであり、二千七百人のアフリカの子どもたちが一年間給食を食べられる、ということでもあります。TFTを導入する企業・団体は、日本を代表する大手企業をはじめとして、参議院食堂やほぼすべての中央省庁、そして全国の大学などに広がっています。活動の輪は海を越えた広がりも見せ、インドやアメリカの社員食堂や世界の政界、財界の要人が集まった国際会議のランチ会場などでもTFTプログラムが実施されました。この実績は、僕たちの理念や方向性が決して間違っていない、という自信につながっています。それだけ多くの人がTFTの活動に期待してくれていることの証左なのだと思っています。

事実、立ち上げからこれまでに数多くのメディアの方が取材に来てくださいました。また、政治家や閣僚、アーティストといった人の中にも、TFTに関心を持つ人は多く、イベントに足を運んでくださったり、寄付をしてくださったりする人もどんどん増えていきます。第一線で活躍するビジネスパーソンや経営者の中には「中途半端な社会貢献なんて意味がない」「自分には関係ないし、忙しくて時間もない」と言う人もいます。けれども、そういう人たちがメディアで取り上げられたTFTを知り、僕たちのビジネスや戦略を理解して、「これは今までの社会貢献とは違うから、仕事として協力したい」と言ってくれるのです。そして実際に、時間を割いて彼らの経験や知識や商材を提供してくれています。

僕が出演したラジオをたまたま聞いていた人が寄付金を送ってくれたり、「自分の故郷に関心を持ってくれてありがとう」とウガンダの方が突然事務所にやってきたり、そういったうれしい驚きも日々あります。そして、そのたびにこの事業への期待の大きさと、責任の重さを感じるのです。

「ワクワクしながら働く」ということ

「天職」というものがあるとしたら、僕は三十代半ばにしてようやくそれに出会えた、と実感しています。

しかし、「天職に出会う」ということは、その仕事をしていればつらいことが一つもないとか、毎日が楽しくてたまらないとかいう意味ではありません。むしろ、この社会事業という仕事は、これまでにやってきたどの仕事よりも苦労が多いような気がします。

なぜかと言えば、まずは社会事業に対する世間の見方が挙げられるでしょう。特に日本の場合は、「社会事業なんて仕事じゃない」「善意のある人が無償でやるべきこと」と考える人が多く、そういう人からの言葉で落ち込むこともあります。

あるいは、一般的なビジネスとの違いからくるものもあります。

たとえば、提携をお願いしている企業の方から「資料を至急百部送って」という依頼を受けたとします。普通のビジネスであれば、ごく当たり前の要求でしょうが、できたてのNPOである僕たちはギリギリの人員と予算で活動をしているので、そうした依頼にも「一部お送りするので、あとはそちらでコピーしてください」といった対応になってしまいます。ただ、それだけでは気分を害される方もいるでしょうから、「今、スタッフ二人だけでやっており、予算もギリギリなのでどうかご容赦願います」と言って、その都度僕たちの状況を説明しています。このように日々の事務的なやりとりだけでかなりの神経を遣う、というのもちょっとつらいところです。

それから、スタッフの報酬の問題もあります。

アメリカなど社会事業が仕事として根付いている社会では、大規模なNPOで働くスタッフは一般の企業に勤める人と遜色ない収入を得ているのが普通です。そうでなければ優秀な人材から見向きもされない、という現実があるからです。しかし、残念ながら、日本のＮＰＯにはまだそれだけのステイタスがなく、財務的な基盤も脆弱です。

僕もＴＦＴが事業として成長するまで、自分を含めたスタッフが薄給なのは仕方がないことだと思っています。ところが、わずかであっても給料をとること自体がよくない、と言う人もいるのです。「社会事業をやるならボランティア＝無給でやれ」と言われると、「僕たちにも生活があるので」という話をさせてもらいますが、そういうことが何度もあると、ちょっとげんなりするのも事実です。

そんなもろもろのことがありつつも、僕が今の仕事を天職だと思うのは、どんなにつらい思いをしても、これは「僕がやるべきことなんだ」という確信があるからです。

これまでは、どんなに成果を出し、たくさん給料をもらっても、「もっと他にやるべきことがあるのではないのか」という、どこか居心地の悪い感覚が頭の片隅から去ることはありませんでした。今はそういう迷いのようなものが、まったくといっていいほどないのです。

これは、「やりたかったことをやっている」という、単なる自己満足とは少し違います。

これまで、日本が国際社会に貢献することといえば、ＯＤＡを通じてお金を出すことしかない、と思われていました。その日本と日本人が、地球から貧困を追放するしくみを考え、それを世界中に広めようとしているのです。そして、それが現実のものとなる確かな手ごたえを、今の仕事からは感じるのです。

これまで、「仕事というのはつらいものであり、意に染まないこともやらなければならない」とされてきました。小さいころ抱いていた夢や希望も会社に入ったら最後、自分の中に閉じ込めなければならない、多くの人がそう思って働いてきたのではないでしょうか。

でも、それは本当でしょうか？　小さいころの夢や希望は、その人の一生を方向付ける「想い」の根幹を成すものであるはずです。この想いを素直にいかせる仕事こそ、その人にとっての天職であるはずです。

僕自身、いくつかの仕事といろいろな悩みを経て、ＴＦＴの仕事に出会いました。そして今、想いをいかして働くことがいかに自分にとって自然で楽しいことか、それを心から味わっています。

人は何のために仕事をするのでしょうか？

これが正しい、と思われてきた価値観が一瞬で壊れる今の時代にあって、もはや自分だけが幸せになるための働き方や生き方といったものはあり得ない、ということに多くの人が気付きはじめています。

想いを実現すること、そしてその想いとは、自分だけではなく、他人を思いやる気持ちであること。自分だけではなく、他人を幸せに、そして社会をよいものにすること。これが、社会事業に限らず、これからの時代の「働く意味」なのだと思うのです。

今はまだ微力ですが、日本ではじまったＴＦＴがやがて各国に広がり、一大ムーブメントを引き起こす。そして世界中の人たちがＴＦＴに参加したとき、この地球上から貧困が消える。

そのときのことを想像すると、僕は胸の高鳴りを抑えることができず、思わず叫び出したい気持ちにすらなります。日々こんな気持ちでのぞめる仕事が他にあるなら、教えてほしいくらいです。

僕は、自分を特別だとか特殊な能力や才能にあふれている、とか思ったことは一度もありません。どこをとってもどこにでもいる普通の人間でしょう。けれども、そんな僕でも、自分の想いが充足される満足感と、この仕事は自分がやるべきなんだ、という使命感を感じ、社会とつながる実感を持って、毎日ワクワクしながら働くことができるのです。

どうすればそうなれるのか。僕にも答えそのものはわかりません。

その代わりに、僕がこれまで何を考えてどう生きてきたか、そして今、何をしているのか。そのことについて、この本でご紹介できればと思っています。

そんな僕のこれまでが何らかのヒントになって、天職に出会える人が出てくるなら、こんなにうれしいことはありません。

二〇〇九年二月　小暮真久

第1章

TFTのビジネスモデルと苦難の創業期

テーブル・フォー・ツーの誕生と出会い

企業の社員食堂にカロリーを抑えたヘルシーメニューを加えてもらい、その代金のうちの二十円が開発途上国の子どもたちの給食一食分として寄付される。そのことで、貧困とメタボリック・シンドローム（メタボ）という二つの社会課題を同時に解決することを目指す。

これがテーブル・フォー・ツー（ＴＦＴ）のコンセプトです。

このコンセプトができあがったのは、二〇〇六年の夏、カナダ・バンクーバーで行われた「ヤング・グローバル・リーダーズ会議」の席上でした。

世界中のトップリーダーが一堂に会するダボス会議の主催者でもある「世界経済フォーラム」。ここでは、さまざまな分野で実績を上げ、さらに将来にわたって活躍が期待できる四十歳以下の若手を「ヤング・グローバル・リーダー」として認定しています。

世界中から毎年二百〜三百人が選出されるこのリーダーに、二〇〇五年には現在ＴＦＴの代表理事を務める近藤正晃ジェームスら数人の日本人が選ばれました。

会議のテーマは「世界の飢餓と飽食」。それまでは、社会問題というと欧米人の意識が高く、日本人は会議でも聞き役に回ることが多かったのですが、このときは近藤たちが「世界をうならせる国際貢献のアイデアを日本人が出そう」と意気に燃えていました。必死で知恵を絞り、その結果生まれたのがTFTのコンセプトだったのです。

残念ながら、僕はその誕生の瞬間には立ち会っていません。僕がTFTのことをはじめて知ったのは、ちょうどその会議の開かれた一年後。前職の先輩として出会った近藤から教えてもらったのです。

それでも、説明を聞いたときすぐに、これはすごいシステムだと感じました。感動すら覚えたのです。当時、社会事業に関心を持ちはじめていた僕にとって、彼の口から出てくるTFTの構想は衝撃的なものでした。

従来の社会貢献というのは、「持てる人から持たざる人への、善意に基づいた施し」という考え方で行われるものがほとんどでした。僕自身、社会事業というのはそういうものだと、無意識のうちに思い込んでいました。

ところが、TFTは、寄付をする方が飽食ゆえに抱える肥満・メタボという問題も一緒に解決してしまおう、という画期的なものだったのです。

寄付にあてる二十円という金額にも無理がありません。しかも、それはランチの価格に含まれているので、新たに財布を開かなくて済むというのがいい。何より僕が感心したのは、「二十円が開発途上国の給食一食分になる」と明確に示して、寄付する人に食糧問題にコミットしている意識を持ってもらう、というしかけが施されていた点です。

当時、既にTFTのプログラムを試験的に導入している企業もあり、これが広まるのにそう時間はかからないだろうと思いました。

しかし、引き続き話を聞いているうちに、そう簡単なものではない、ということもわかってきました。コンセプトは完璧であるにもかかわらず、TFTの展開は決して順風満帆ではなかったのです。

最大の問題は「人」でした。TFTのコンセプトを考えた中心メンバーはみな本業を持つ超が付くほど多忙な人たちで、TFTの仕事に十分な時間が割くことができない状況でした。結果としてTFTの導入を検討する企業へも満足のいく対応ができず、当初の見込みよりも展開に時間がかかってしまっていたのです。

図1

「食の不均衡」が引き起こす深刻な健康問題

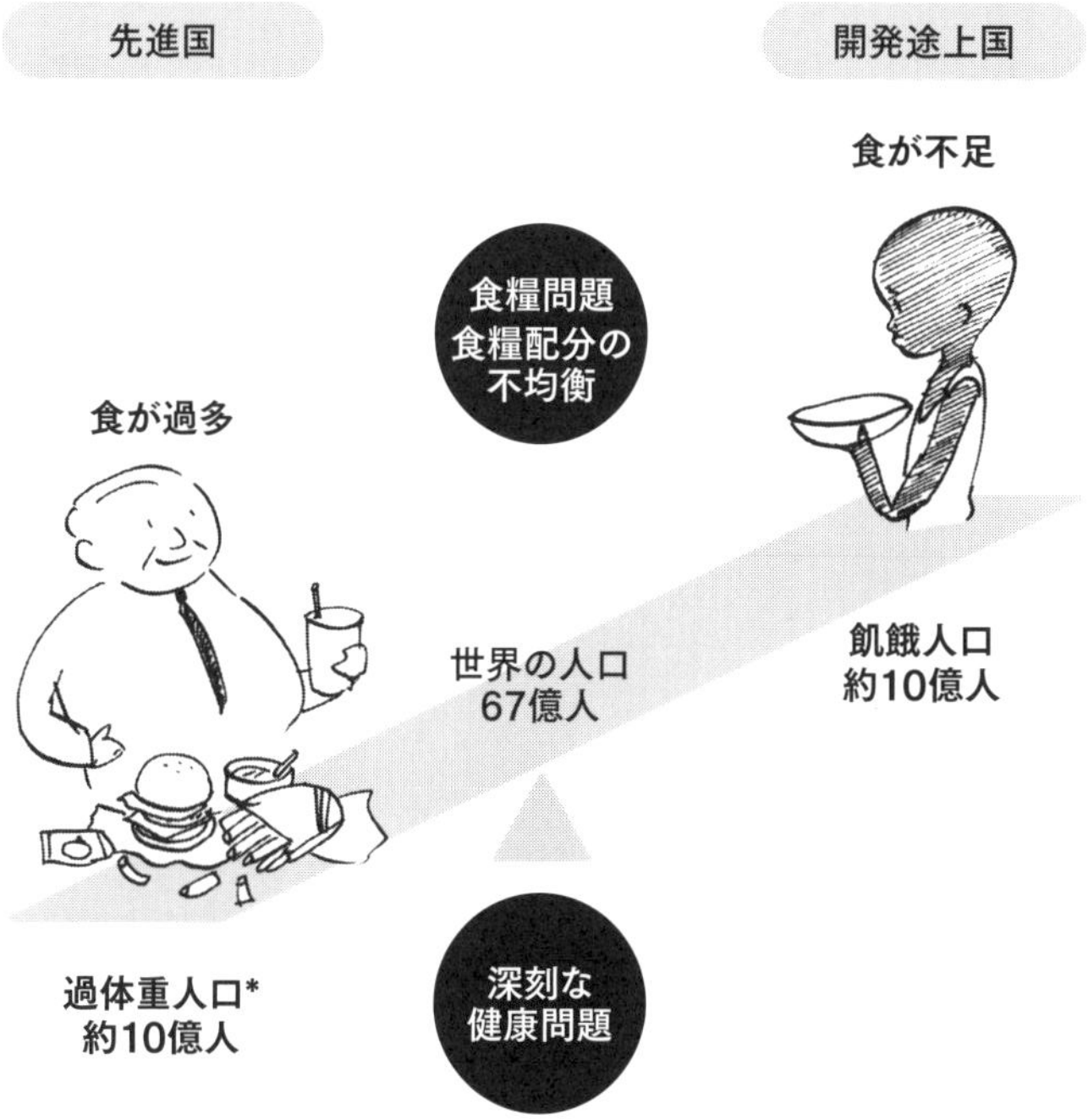

*WHOの定義では、BMI値30以上の人が「肥満」、BMI値が25-30の人は「過体重」となる。またWHOによれば、BMI値が25を超えると、生活習慣病のリスクが急激に高まることが実証されている。現在、肥満人口は約3億人と推計

「ＴＦＴの事業で起業してみないか？　専任で実務の指揮をとってほしい」

そう近藤から頼まれたことを縁にして、僕はＴＦＴの事務局長となったのです。

フレームワークで「しくみ」を考える

ＴＦＴに参加してわかったのは、そのコンセプトは素晴らしいものの、それを実際に展開して継続させていくだけのしくみができていない、ということです。

たとえば、寄付金の二十円にしても、それを負担するのは食事をする人なのか、食事を用意する食堂側なのか、そして開発途上国に給食を提供すること自体にどの程度関わっていくのか、そうした重要なことが、まったくといっていいほど決まっていなかったのです。


そこで僕は立ち上げメンバーと話し合いながら、しっかりしたビジネスモデルをつくり、事業計画に落とし込むことからはじめました。

事業計画というと、まずは数値目標というのが頭に浮かびます。

最初は僕も「〇年までに給食を〇食提供する」とか「〇円の経費が必要だから寄付は〇

円集める」といった目標から入ろうとしたのですが、途中で「これはちょっと違う」ということに気付きました。

もちろん、数値を意識すること自体は、社会事業においても重要なことです。けれども、このTFTの活動の一番の目的は「食糧問題に関する啓蒙をして、多くの人の意識を変える」ということにあります。人の意識が変わらなければ、結局のところ地球規模の社会課題は決して解決しないのです。でも、この「意識改革」という目標は、数値に落とし込むには難しい面があります。そう考えていくにつれ、数値だけをもとにして事業を考えることに、ますます違和感が募り、むしろこの違和感を大事にしよう、と思いました。

そこで、最初の段階では数値目標はざっくりしたものにしておいて、「TFTはこの社会においていかなる存在なのか」ということを、僕らなりの形で整理することにしました。

僕は前職が戦略コンサルタントだったので、どうしてもフレームワーク的にものごとを考えるクセができています。ここでも「5P」というフレームワークで整理し、それをもとにしくみをつくることにしました。

❶P‖Purpose（目的・達成目標）
テーブル・フォー・ツーのミッションは何か。
❷P‖Partnering（提携）
どんな組織や団体とどのような形態で連携していくか。
❸P‖People（組織・人事）
どんな人たちを巻き込んでいくか。また、組織づくりに必要なのはどういう人か。
❹P‖Promotion（宣伝・広報）
ミッションや活動内容を、どんな媒体や手段でどのように伝えていくか。
❺P‖Profit（利益・成果）
どうやって事業収益を上げて目的を達成するか。

ビジネスモデル、組織、運営プロセスなどを細かく設計していくとき、必ず判断に迷う局面が出てきます。迷った際、判断の基準となるのがこの5Pです。そして、これは立ち上げ期だけでなく、今後事業活動をしていく中で僕やメンバーが判断に迷った際に、立ち返って判断の基準にするものでもあるのです。「世界の食の不均衡を解消し、深刻な健康問題を解決する」という既にあるコンセプトを大本にして、そこに「スピード」「期待成果の大きさ」「拡張性」「独自性」「透明性」といった視点を加え、5Pのそれぞれの内容を落とし込んでいきました。

その結果は、次のようになりました。

People

[組織・人事]

組織設計と運動に携わる人たち

- 理事・事務局・相談役・支援者など、運動に関わるすべての人が同じ目線で事業に取り組む
- 日本を国際展開の本部とし、世界に支部をつくり事業を展開する。本部で主要な戦略策定を行い、各国の採用は基本的に現地に任せる
- 「目的」に共感して、かつ組織が必要とするスキルや経験を持つ人材を、事業拡大にあわせ採用する
- 専従スタッフに妥当な水準の給与を支払えるよう、資金調達と環境整備をする

Promotion

[宣伝・広報]

マスメディア・自主メディアでの情報発信

- 運動の目的がぶれないよう、核となるメッセージの発信方法を考え抜く
- 情報の透明性を大切にする。寄付や募金の使途もできる限り具体的に説明する
- 戦略を立て、少ないリソースで効果的なプロモーションができるようにする

Profit

[利益・成果]

社会的インパクトと事業収支

- 定量的な成果だけでなく、定性的な成果も追求する。すなわち、寄付金額や提携企業数だけでなく、意識改革や感動・共感を生み出すことにも重点を置く
- 社員食堂事業は、創設後3-4年で1,000団体の参加を目指し、事業収入により運営費をまかなうことを目指す

図2

TFTとは：「5P」で考える

P urpose
[目的・達成目標]

取り組む社会的課題

- 「日本のカロリーOFFを、開発途上国のカロリーONへ」（先進国の食事で抑えたカロリー分を、開発途上国で栄養豊富な食事にすることで、食糧配分の不均衡を解消する）
- 先進国と開発途上国と双方の人々の健康を食・食事を通して推進する。両方の目的を同時に達成することを目指す
- 「一方が他方へ与える」という従来型の寄付集め事業とは一線を画し、「お互いをわかり合い、分かち合う」という精神を大切にする
- 上記の目的が達成されるまで取り組みを継続する

P artnering
[提携]

民間企業、公的機関、NPOなどとの協力関係

- 各分野を得意とする団体、個人と積極的に連携し、既存のしくみやノウハウを最大限活用する
- 政治・ビジネス・大学など分野の壁を超えて協力する
- 国や文化の壁を超えて日本発の社会運動を世界に発信する
- 事業企画や進行管理・調整といったプロジェクト・マネジメント機能に特化することで、価値を発揮する

「勝てるところ」を探して一番になる

次に考えたのは、他の団体とどう差別化を図るかです。「社会事業なのだから競争とは無縁」と思っている人も多いかもしれません。でも、それは違うのです。社会事業であっても、活動を継続するためには利益を上げ続けることが必要、ということは前にも述べたとおりですが、社会事業の場合には、収入＝ほぼ寄付、というケースが多い。寄付というのはその組織が生み出す価値への対価です。収入を確保するためには同業者よりも価値を発揮しなければ生き残れない、という面があるのはどこの世界も一緒です。

ただし、僕は「他の団体と戦って勝つ」という競争の部分よりも、「他の団体がやっていないことを探す」「他の団体にはない活動の特徴を出す」といった差別化の部分が大切だと思っています。

地球規模の社会的な課題が無数にある中で、やるべきこともたくさんあります。他の人が既に着手していることをやっても、先行者の方が有利に決まっています。それならば、どんなに小さくてニッチなテーマでも、自分たちの強みがいかせる、自分たちだけにしかできないことをやろう。そういった、マーケティング用語で言うところの「ポジショニング」的な発想はとても大切です。

僕たちは、世界から食の不均衡を根絶する、という使命感を持ってTFTをはじめました。そして、それができるのは僕たちだけだ、という自負があります。TFTにお金を託せばそのお金が有効に使われる。活動に参加する人や寄付してくれる人にそう思ってもらわなければなりません。だからこそ、他の組織や団体とは違った特徴付けをして、寄付をした人から「TFTはオンリーワンの存在である」と感じてもらえるよう、いろいろな工夫をしているのです。

僕は、前職の戦略系コンサルティング会社で、そうしたビジネスの考え方を叩き込まれてきました。そういう厳しい姿勢で臨まなければ成功なんてできない、そうした考えは社会事業をするようになっても、変わることなく持っています。

そう、社会事業の世界であっても、生き残るためには戦略が必要です。

TFTの戦略を立てるにあたっても、コンサルティング会社でやってきた手順をそのまま応用してみました。すなわち、同じようなテーマを扱うNPOなどの他団体をリストアップし、活動内容やできている点・できていない点を研究したのです。

たとえば、ある団体では、食品メーカーが流通に乗せられなかった商品や、外食産業の余剰品などを集めて、それをホームレスの人に配る「フードバンク」という活動をやっています。食品関連の企業からすると、廃棄コストを減らせて、かつ企業のCSR活動としてアピールしやすいというメリットがあるため、寄付や募金も集めやすくなります。TFTもそれをやったらどうか、という意見が出ました。

でも、僕はそれを却下しました。その活動に社会的意義があることは間違いないでしょうが、そのためのノウハウの蓄積や知名度などの点では、先行する団体が有利なことは火を見るよりも明らかです。企業側にしても、支援するのであれば実績のある方を選ぶでしょう。同じ資金と人手を投入するのであれば、自分たちが確実に価値を発揮できる市場を見つけなければならないのです。

食糧問題という僕たちのビジネス領域には、国際的に知名度が高い団体がいくつかあります。僕はそうした団体の事業報告書や収支決算書などを手に入れて、その事業内容を研究することもしました。

この作業はとても有意義なものでした。収支決算書からは他団体のビジネスモデルの変遷なども見えてきます。また、そうした団体の支援者の方へヒアリングをしたところ、「寄付したお金が具体的にどう使われているかが見えにくい」という声がありました。こうした他団体の活動を研究することから、TFTのビジネスモデルなど、しくみづくりのヒントを数多くもらったのです。

他団体以外にも、いろいろな人から話を聞きました。たとえば、TFTの「ヘルシーメニュー」に関する規定をつくるときには、実際に食事をつくることになる給食会社の人に話を聞きました。

社会事業では、「いいことをやっているんだから」という気持ちが強くなり過ぎると、独りよがりに陥る危険があります。こうしたとき、「ビジネスとして最善の方法をとる」ということに意識を集中すれば、常に外部の意見に耳をそばだて、よりよいパートナーとの提携を探るなど、合理的な判断ができるようになるのです。

電話・印鑑・口座…ないない尽くしのスタート

僕が正式にＴＦＴの事務局長になったのは二〇〇七年の八月。

それ以前に、ＴＦＴは伊藤忠商事の社員食堂を皮切りに活動をスタートしており、その後もファミリーマート、日本アイ・ビー・エム、日本航空、日本電気（ＮＥＣ）、横浜市などで試験的に導入が進んでいました。

なので、僕としては、人手が足りなくても、きちんとしたしくみに則って運営されているとばかり思っていたのです。

ですが、そうではなかったのです。

僕がＴＦＴに加わってすぐ、参加企業の担当者から、「寄付金がたまっているのですが、どこに振り込めばいいのですか？」という問い合わせがありました。立ち上げメンバーに確認すると、なんとＴＦＴ名義の口座がまだない、というのです。

「口座がなくたって、お金が集まったら誰かが受け取りにいけばいいいんじゃないの？」、そんなのん気な発想もちらりと浮かびましたが、常識的に考えたら、振込口座もないような団体と企業が長期的に提携してくれるはずがありません。

そこで、何はともあれ銀行に口座を開くことにしました。ところが、今度は代表印も事務所の電話番号もない、ということがわかったのです。

TFTの設立メンバーはみな理想を高く持ち、戦略やコンセプト立案には非常に秀でてはいたものの、この時点では日々の業務を滞りなく行うための実務面はまったくといっていいほど整備されていませんでした。

何よりも僕が驚き慌てたのは、TFTがまだNPO法人の認証申請すらしていない、という事実がわかったときです。株式会社として社会事業を行う、という選択肢もなくはなかったのですが、企業や団体と連携するTFTの事業内容を考えたときには、NPOの方が何かと有利になるだろう、と考えていました。その肝心のNPOの認証がないというのでは、いくら高邁な理想を掲げても社会から信用を得るのは至難の業です。

そこで、大急ぎでNPO法人の認証申請をすることにしました。

申請には、定款、設立趣旨書、二年分の事業計画書と収支予算書などの所定の書類を書式に則って作成して、内閣府に提出しなければなりません。これは実際やってみると手間のかかる大変な作業でした。
書式を埋めようとすると、どうしてもすんなり書けないところが出てきます。二十円の出所や、給食費になるまでの道筋、活動資金の集め方などは、この時点では完全に固まっていませんでした。だからといって「未定」や「空欄」では審査を通りません。うまく書けないところが出てくると、僕と立ち上げメンバーが話し合って細部を詰める、という作業を書類が完成するまで延々と続けました。

とはいえ、この作業のお陰で、TFTのビジネスモデルや事業計画であいまいなままにされていたところがずいぶんクリアになりました。

たとえば、最初の構想段階では、「開発途上国に給食室をつくって実際に食事を提供する」ところまでやろうと考えていたのですが、細かくコストを計算してみると、どう考えてもお金がかかり過ぎる。それで、その分に関しては既に給食を配るしくみを持っている現地の団体と組む、という現実的な選択をしました。

ともすれば夢や理想に走りがちだったTFTの構想を、地に足の着いたビジネスモデル

図3

[TFTのコンセプト]
食の不均衡と先進国・開発途上国の健康問題を同時に解決

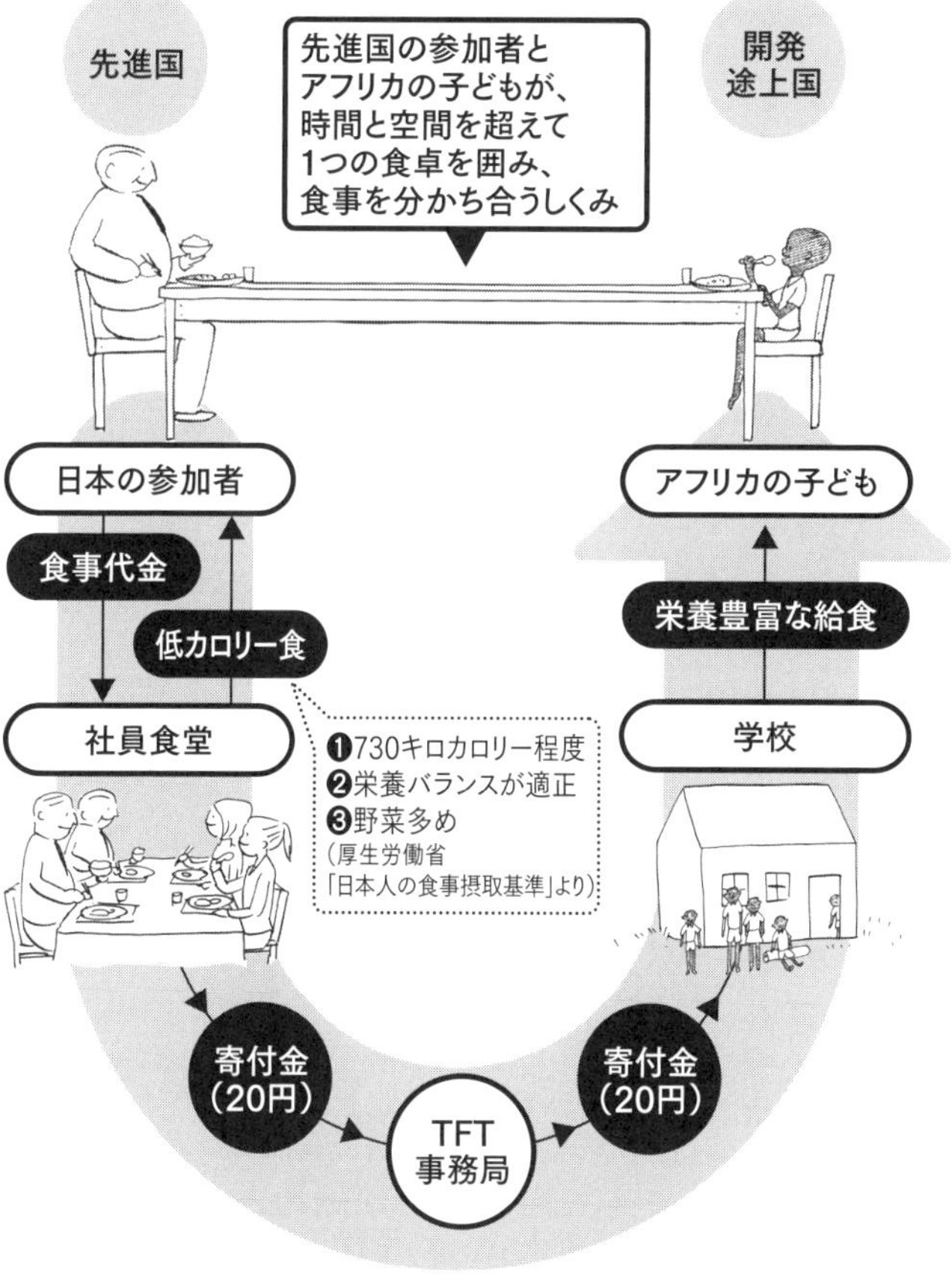

と事業計画に落とし込むことができたという意味でも、ＮＰＯ法人の申請作業をしたことは大きかったと思います。

何もないけど、営業からはじめよう

ＮＰＯ法人の認証申請と前後して、僕はそれまで勤めていた会社に辞表を出し、晴れてＴＦＴの理事兼事務局長になりました。ここまでビジネスモデルをつくったり、ＮＰＯ法人の申請書類を書いたりしていたときは、まだ会社員の身分だったのです。それゆえ、昼間は出社して通常の業務をこなし、夜や週末にＴＦＴの仕事をする、という関わり方しかできず、どうしても時間が足りなくて満足のいく活動ができませんでした。ＮＰＯ法人の申請書類の作成が遅々として進まなかったのには、そういう理由もありました。

会社を辞め、これからは思う存分ＴＦＴの活動ができる、二足のわらじの中途半端さから解放されて、心からやりたいと思うことに専念できる。そう思うと本当にうれしかった。でも、もちろん不安もありました。最大の懸念要素は収入面です。

僕の最初の勤務先は外資系戦略コンサルティング会社、次の勤務先は日系のエンターテインメント会社で、どちらでもそれなりの収入を得ていました。

以前、友人から、「アメリカでは大手NPOのマネジャークラスになると平均三千万円くらいの年収をもらっている」という話を聞かされて驚いたことがありましたが、それはあくまで社会事業がビジネスの一形態として認知されているアメリカだからであって、日本のNPOでそんな話は聞いたことがありません。ましてや、TFTはその時点ではまだNPO法人の認証も下りていない有様でした。

ただ、そうはいっても活動資金がまったくゼロというわけではないし、僕自身の貯えも多少はあるので、まあなんとかなるだろう、と思っていました。

しかし、現実は想像以上に厳しかった。

収入は減ったどころではありません。なにしろ、それまでの三分の一以下になってしまったのです。さすがにこれでは生活もままならず、しばらくは講師業などのアルバイトをして足りない生活資金を補っていました。

ただ、社会事業に限らず、起業にはこうした試練が付きものです。これくらいのことは想定の範囲内と、自分としてはわりあい平然と受け止めていました。それに、「善行をしているのだから清貧で生きよう」というつもりはなく、「この困難は一時的なもので、TFTが事業として軌道に乗ったらそれなりの収入も得られるだろう」とも考えていました。とはいえ、はじめての経験にプレッシャーも大きく、家族に言わせると、このころの僕にはかなりの悲壮感が漂っていたそうです。

お金もそうですが、はじめて経験する社会事業の仕事自体にも厳しいものがありました。収入減は想定できても、こちらはまったくの想定外。日本で「社会起業家」を名乗って仕事をすることが、こんなに大変だとは思っていなかったのです。

「怪しい団体?」目線との闘い

NPOの認証には思ったよりも時間がかかりました。といっても書類の不備や、事業内容に問題があったというわけではなく、日本においてはどのNPOも、申請から認証までには、最大で四カ月間の審査期間を経なければならないのです。それまでは事務局長といっても、実際は単なる任意団体の代表に過ぎません。

とはいえ、今こうしている間にも、世界には貧困で苦しんでいる人や、飢餓で命を落とす子どもがいるのです。一方で、先進国は飽食ゆえの肥満とメタボという悩みを抱えたまま。NPOの認証を待って、四ヵ月も何もしないというわけにはいきません。

とにかく今できることをやろう、そう思いました。

「では何から？」と考え、そこで出した答えは「営業」でした。

TFTを取り入れてくれそうな企業を回ることで、そうした企業と担当者のニーズを知ることができます。このニーズを体感することが、今後の活動の計画を立てるときに役立つだろう、そう思ったのです。

事務局には僕ともう一人、女性のスタッフがいるだけでした。彼女に協力してもらって企業をリストアップし、電話をかけ、担当者を紹介してもらって説明に出向く、という地道な活動をはじめました。

新規開拓はラクな仕事ではありません。誰もが好意的に話を聞いてくれるわけではないし、無視されたり手ひどく断られたりするのも日常茶飯事。僕自身、コンサルタント時代に営業関連のプロジェクトを手掛けていたこともあったので、そのくらいのことは承知しているつもりでした。

でも、ここでも現実は想像を超えたものがありました。大変だったのは、活動自体の説明に加えて、無名の団体が相手の信頼を得ることです。自分が所属する団体が「何か怪しいんじゃないの？」という目で見られることは生まれてはじめての経験だったので、これに慣れ、説得するためのノウハウを身につけるまでは本当に苦労しました。

社会事業に従事する人間は、企業などから対等のビジネスパーソンとしては見てもらえない場合が多々あります。

――自分たちは毎日額に汗してモノやサービスをつくり、市場経済の熾烈な競争を戦っているのに、そういうことと無縁の場所にいて、「地球から貧困をなくそう」なんて浮世離れしたことを言っていられるのだから、気楽なもんだよな――

あからさまには言われないものの、多くの場所でそうした目で見られ、応対をされます。おまけにまだ認証を受けたＮＰＯですらないわけですから、団体としての信用も何もあったものではありません。知名度だってゼロに等しく、いくら名刺交換をしたって〝怪しい団体〟であることに変わりはありません。

やっている事業についても、それが善意のボランティア活動ではなくビジネスなのだ、ということを理解してもらうのが大変でした。たとえば、寄付金の一部がTFTの運営費やスタッフの給料になる、という点に納得してくれない人もいました。寄付金を集めるのも、集めた寄付金を必要な人のところに届けるのも、それから活動を広げていくのも、人手を含めたコストはかかるので、という話をしてもなかなか聞いてもらえないのです。

日本は他国に比べて社会事業の歴史が浅いので、NPOなどに対する偏見や認識不足があるのは仕方のないことです。詐欺や脱税をはたらくような、〝怪しい団体〟という見方をされることもあります。自分たちの活動を理解してもらうためには、忍耐強く説明し、実績を重ねるしかないのです。

ただ、僕も今でこそそう思えますが、当時はそうした意識がなく、訪問先から追い払われるような扱いをされるたびに傷ついていました。いっときはあまりにそうしたことが続いたもので、名刺を出すことにためらいを感じるようになってしまいました。

さらに、活動をはじめた当初は気負いもありました。

「社会事業をやっている人はビジネスマインドが低い」と思われるのがどうしても嫌だったのです。それまで勤めていた企業と同等か、それ以上にきちんとした対応をしてみせる、と意気込んでいました。それで、人数も予算もギリギリのところでやっているのに、なんとか相手の要望に応えようと必死にもがいていたのです。

「この資料をあと百部持ってきて」と言われても予算的に難しく、「明日契約の覚書を持ってきて」と言われても、行ける人間は僕しかいないのでとっさには対応できない。でも、「できません」と素直に言えなくて、悔しい思いばかりが募っていました。

今では、「できるだけたくさんのお金を開発途上国に送りたいので、資料は一社一部とさせてもらっています」「人手が少ないので順番に対応させていただいています。ご理解ください」とこちらの状況を包み隠さずお話しすることに抵抗がなくなりました。当時は背伸びをしてなんとか相手に認めてもらおうと無理をしていたのです。

誠意を持って率直に話せば誰でもわかってくれる。そのことをたくさんの経験の中から学んできました。

NPO認証と活動戦略の練り直し

二〇〇七年十月、内閣府から待ちに待ったNPOの認証決定通知が届きました。さっそく登記を済ませ、翌十一月、NPO法人「TABLE FOR TWO International」がついに設立したのです。

インターナショナル、という言葉を入れたのは、TFTの活動は国際的な展開を目指すものであり、その本部となるのがこの日本なのだ、という想いがあったからです。

「テーブル・フォー・ツー」（二人のための食卓）という名前には、「一つの食卓を囲み、先進国の参加者と、開発途上国の子どもが、時間と空間を超えて一緒に食事をしている」という意味を込めました。アルファベットの「T」をかたどったロゴも赤と白の二色に分け、二人の分かち合いの意を示しています。

NPO法人となったことで、ようやく肩の荷が少し下りました。名刺に「NPO法人」と刷り込めるし、銀行口座も開けます。

そして、これを機会に、活動開始からこれまでの苦しかった期間の棚卸しをして、活動戦略を練り直すことにしました。

まず、営業についてです。これまでは企業の担当者と会って一社一社開拓していく方法と、協力してくれた企業トップの方から別の会社のトップを紹介してもらう方法、という二本立てで行っていました。
成約率だけをみれば、後者の方が断然いいに決まっています。しかし、ここはやはり地道に開拓に励む、という前者の方法を中心にすべきだと考えました。というのも、トップの一存で導入を決めても活動が長続きしないということが、このころまでにはっきりとした傾向値として出てきたからです。

トップダウンでTFTを導入しても、実際に社員食堂にヘルシーメニューを加えて、社員に告知して、という一連の活動を担うのは、総務・人事・CSRといった部門の社員の方です。そうした現場の方たちが、「トップダウンだから仕方ない」とやらされ仕事になってしまっては盛り上がりに欠けるし、長期的に活動を続けることも難しくなる。

TFTのプログラムは、一度参加してもらえばいい、というものではありません。ヘルシーメニューは、飽きられないように随時手を加えていく必要がありますし、TFTそのものの意義を社内の人たちに説明することも大切です。最終的には多くの人が世界の食糧問題に目を向けるよう意識改革を図ることが目的なのですから、どうしても企業担当者の方の当事者意識が大切になるのです。

そのためには、トップダウンという空中戦よりも、時間はかかっても、総務・人事・C

SR、そして労働組合などの関係者を一人ひとり説得して回る、という泥臭い営業方法が合っていると考えました。

当初の営業活動では大企業を中心に回ることにしました。それも、各業界のトップクラスの企業に導入してもらうことを戦略の核に据えました。大企業は人や予算のリソースが豊富でかつ社員食堂を持っている可能性が高く、新しい情報への感度もいいので、初期の参加企業として適している、と考えたのです。それに、トップ企業ほど「業界で最初に導入した」というフレーズを重視する、というのも理由の一つです。

もちろん、誰もが知っているような有名企業がTFTプログラムを導入してくれれば、それがそのままTFT自体の信用拡大につながる、という計算もありました。NPOの法人格があっても信用獲得までは長い時間がかかるという現実の中、「大手企業が採用」というフレーズは、ぜひとも利用させてもらいたいものでした。

他者の「色」が付かないよう細心の注意

この時期に悩んだのは、「特定の会社にスポンサーになってもらう」という選択をどう考えるか、という問題でした。大手企業のスポンサードを受ければ、資金をはじめとした多くの資源を提供してもらうことができるので、運営は格段にラクになります。その代わり、その企業の広報的役回りを担うことやTFTの経営に対する意見を受け入れることはある程度避けられないでしょうし、スポンサーと競合関係にある企業はTFTを導入してくれなくなることも予想されます。

実際にこんなことがありました。

ある大手銀行に営業に行ったところ、とんとん拍子で話が進み、すぐにでも参加したい、ということになりました。しかも、個人の寄付金二十円に加え、企業からも四十円を上乗せしてくれるという、願ってもない好条件です。さらには寄付金振り込み用に手数料無料の口座をつくり、イベントを開催するときには本社のホールを無料で提供する、とまさに至れり尽くせりの申し出をしていただきました。

ただし、そこには一つ条件がありました。

それは寄付する先を開発途上国ではなく日本にする、ということ。その銀行は日本国内での企業ブランドの向上を望んでおり、国内問題に寄付金を使ってほしい、というのです。

確かに、日本にも貧困層に属する人たちはいます。ですが、地球規模で見ると、開発途上国の貧困と日本のそれとでは深刻さのレベルが違います。もちろん、日本の貧困はたいしたことがないから援助など要らない、というつもりはありません。同じ日本人として放っておけない社会課題であるとは思います。

けれども、そうした課題については、それを解決しようと取り組んでいる人や団体が既に存在します。なので、その領域は彼らに委ねるべきだと思いました。僕たちがやっても、そういう人たちよりもうまくはできないでしょうし、限られた資源の有効活用にもならないでしょう。

それで、先の銀行に「寄付先を日本に変更するのは無理です」という話をすると、「では別の団体と組んで展開したらどうか」という提案をいただきました。しかし、紹介された団体ともミッションが合わないことは明白だったため、結局その話はまとまりませんでした。好条件の提携だったので惜しくはありましたが、この経験から、自分たちが絶対に守らなくてはならないラインというものについて、改めて考えることができました。

僕たちのやるべきことはあくまで、「世界の食糧の不均衡を根絶する」ということです。

一社の要求に応えるために、自分たちのやるべきことから外れたことをするのはやめよう。主な収入源が寄付である以上、常に難しい選択を迫られる部分ではあります。

でも、意思決定に迷ったとき、立ち返れるＰｕｒｐｏｓｅ（目的・達成目標）を持っておくこと。そして、無所属中立であること。これから自分たちの活動を広めていくために、この二つは欠かせないはず。この経験から、そうしたことを学んだのです。

第2章

世界最高峰のコンサル会社からNPOへの転身

戦略コンサルタント時代に学んだ究極の問題解決法

僕の居場所はどこにある？

僕が社会人になったのは二十六歳、ちょっと遅めのスタートでした。大学では人工心臓の研究をしており、さらにオーストラリアへ四年間留学し、工学修士号を取得しました。

さすがにそろそろ働こうかと考え、さて、何をやろうかとあれこれ探していたとき、最初に頭に浮かんだのは、「医療機器メーカーに就職して人工心臓の研究を続ける」という選択肢でした。それで、その手の企業をいくつか訪問して話を聞いてみたのですが、どうも「ここで働きたい」という気にならないのです。学生として出席させてもらった学会でも、医療機関とエンジニア、あるいは医者同士など立場が違う人たちが各々自分たちの主張を声高に言い合うばかりで、相手を心から理解しようという気持ちが見えないことに幻滅しました。

こういう状況の中でメーカーの研究室に入っても、きっと満足感を得られないだろう、そうした感触がずっと頭から離れませんでした。

学会で意見がまとまらないのは、異なる組織に所属する人たちを一つの旗の下に集め、同じ方角に顔を向けさせることができる「プロデューサー」がいないからだとも思いました。そう考えると、日本には、あらゆる分野でプロデューサー感覚を持った人が不足しているのです。一方で、僕自身は一つのことを極める職人のような生き方より、人と人をつないだり束ねたりすることに喜びを感じるので、ならば自分はプロデューサーのような役割を仕事にした方がいいのではないか、と思ったのです。グローバルな視野をあわせ持っているプロデューサーというのも、自分らしくていいかもしれない、と。

そこで、ある大手メーカーの門を叩いてみました。そこは日本の会社ながら世界に進出していたので、社員もみなグローバルな人たちばかりに違いない、勝手にそう判断したのです。

ところが、面接にあたって修士論文を持参したところ、面接官に「こんなもの読めるわけがない」といきなり突き返されてしまいました。なぜなら、その論文が英語で書かれていたからです。「これが日本のグローバル企業の実態なのか」とがっかりしました。オーストラリアでの四年にわたる留学生活のあとだっただけに、この国に僕の居場所はないのかもしれない、そう考えて暗澹たる気持ちになりました。

猛烈に面白かったマッキンゼーの面接

なかなかやりたい仕事が見つからず、落ち込み気味だったある日、僕の話を聞いた友人が、「ここならお前に合うかもしれない」といって紹介してくれたのが戦略コンサルティング会社、マッキンゼー・アンド・カンパニーでした。

耳慣れない社名でしたが、あらゆる分野の問題解決を手掛けるのが仕事、というところに興味が湧き、とりあえず面接を受けることにしました。

その面接が猛烈に面白かったのです。

僕がそれまでやってきた研究について、人工心臓のモデルを見せながら説明すると、

「それはこういうことだよね」と、門外漢のはずの面接官がするすると理解してくれるのです。さらに「これをこうしたらどうなの？」と次々に改良のアイデアまで出てくるので、こっちも話をしていて楽しくてたまりません。こんなに優秀な人がたくさんいる会社ならばぜひ働きたい、そういう気持ちが募りました。

何回かこうした刺激的な面接が繰り返され、最後に「うちに来る？」と聞かれたときは、「お願いします」と答えていました。

「アップ・オア・アウト」のコンサル時代

今でこそ日本でも有名になったマッキンゼーですが、僕が入社した一九九九年には、名前を言ってもわかる人はほとんどいませんでした。

しかし、本国のアメリカでは、民間企業から政府系の組織まで「困ったときに最後に助けを求めるのはマッキンゼー」というくらい、その名は鳴り響いていたのです。

入社すると、最初の一カ月間は、研修で課題分析や仮説の立て方といったマッキンゼー流の問題解決法を叩き込まれます。具体的には「ロジックツリー」「イシューアナリシス」「ピラミッドストラクチャー」などの思考のためのツールと、「マーケティングの4P」「分析の3C」などのフレームワークと呼ばれるものを教わり、その後、さまざまなケースに沿った問題解決に実践さながらに取り組むのです。

そして、研修が終わると、いきなりプロジェクトに放り込まれます。あとは自分でサバイバルしろ、というわけです。実際、一定期間内に成果を上げる実力を付けないと自分のところに仕事が回ってこなくなるので、会社にいられなくなります。「アップ・オア・アウト」（昇進か退職か）という過酷なルールもあって、評価が規定に達していない場合にはイエローカードが出され、これが二枚たまったら実質的な退職勧告。サッカー並みの厳しい世界でまったく気が抜けません。

ただ、そういう厳しい環境の中で生き残っている人たちというのは、みんなものすごく優秀で、なおかつマッキンゼーの一員であることに強烈なプライドを持って働いています。言い方を換えると、そんな「マッキンゼーカラー」に染まれば染まるほど、ここでは仕事ができるようになるのです。

僕はこうした強烈な個性を持つ社風に惹かれつつも、どことなく違和感もありました。もともと人に合わせるのが嫌いなマイペース型人間だということに加え、入社したときには既に二十六歳になっており、国内外でいろいろな経験を積んでいたので、一つの価値観に身を委ねられるほど素直ではなかった、ということもありました。

マッキンゼーでは定期的に、さまざまな国の社員を一堂に集めて研修を行います。そういう研修に参加するときも、僕は研修そのものよりも、そこに来ているちょっと毛色の変わった人たちと交流することに魅力を感じていました。

フロリダでの研修中のことです。

仲間を誘って毎晩のように遅くまで飲み歩き、空が白むころ帰ってきて、ひと眠りだけして翌日の研修に参加する、という日々。寝過ごして遅刻することもしばしばです。それがあまりにも続いたので、この期間中には、朝の研修に出てこないことを、僕の名前の「マサヒサ」をもじって「マサイング」と呼ぶようになりました。「そろそろ時間だけど、彼はまだ来てないね」と誰かが言うと、「ああ、昨日はかなり飲んでいたみたいだから、午前中は〝マサイング〟だろ」と答える、といったように使うわけです。

研修に集まる仲間は、入社した年が近いだけで、あとは国籍も経歴もてんでバラバラのメンバーです。でも、飲みながら話をしてみると、みな同じようなところで悩み、苦しみつつ、日々格闘しているのです。そうしたことを話し合って人と共感し合うことが、僕にとっては研修そのものよりもよっぽど楽しく感じたのです。

そんなマイペースな僕が途中でドロップアウトすることもなく、ビジネスアナリストからアソシエート、マネジャー職と、わりあい順調にキャリアパスの階段を上がることができたのは、周囲の人たちの力によるところが大きかったと思います。

同じチームのメンバーやクライアントから信頼されているのがわかると、「期待に応えよう」「もっと喜んでもらいたい」という気持ちが湧いてきて、実力以上の力が出てしまうのです。逆に、そういう人間臭さがあまり感じられないプロジェクトは、どこか力が入らず、当然結果も振るいません。上司からはいつも「プロジェクトによって成果に差があり過ぎる」と注意されていました。

僕が得意だったのは営業関連のプロジェクトです。クライアント企業の営業担当者は、情熱や想いというものを大切にしている人が多く、自然と馬が合いました。そうした人たちの想いに応えつつ、自分の問題解決力をその人たちのためにいかす仕事は、とてもやりがいがあったのです。

マッキンゼーで叩き込まれた究極の問題解決法は、どこの場においても応用できる非常に優れたものでした。僕もこれを身につけて実践してきたお陰で、「どこに行ってもやっていける」という自信を持つことができました。

これは余談ですが、あるとき、友人たちと「彼女とうまくいかない理由をロジックツリーにしてみよう」とマッキンゼー流で問題を整理してみたのですが、こんなところにもかなり使えることがわかりました。

その一方で、マッキンゼーにいた七年間ずっと、どこか違和感が拭えなかったことも事実です。マッキンゼーの価値観は「論理がすべて」というもの。「その人ならではの感性や直感」といったものは、ほとんど評価されません。

論理や数値といった「左脳的なもの」、感性や直感といった「右脳的なもの」。

僕はこの二つのバランス・融合にこそ価値があると思っていたので、どうもこの「左脳絶対」の価値観に染まり切ることができなかったのです。

「あなたにはわからない」限界を突きつける一言

マッキンゼーでは、大企業の組織変革から映画館の立て直しまで、さまざまなプロジェクトに関わりましたが、数として一番多かったのは、大学までに学んだ専門性が直接いかせる医療機器や製薬といったヘルスケア関連の仕事です。

マッキンゼーに勤めて五年経ったとき、僕はニューヨークに一年間駐在することになりました。ここで関わった日本の製薬会社のプロジェクトが、僕にとっての大きな転機となりました。

そのクライアントはアメリカに進出したものの、現地で採用した社員の定着率が悪く、生産性が上がらない、という状態にありました。組織・業務を改革して仕事の効率を上げることが、僕らに与えられたミッションでした。

僕はマネジャー役としてこのプロジェクトに参加し、苦労しながらも最後には、ほぼ完璧と思われる業務システムをつくりあげることに成功したのです。その会社の現地法人の日本人社長もたいへん喜んでくれました。

プロジェクトが終了したあと、その社長に一対一での会食に招かれました。社長は僕の労をねぎらってくださったあと、「でもね、君は民間企業に勤めたことがないでしょう。だから、私たちの気持ちの本当のところはわからないよ」と言葉を継いだのです。

三カ月間、それこそ身を粉にしてその会社のために働き、これだけの成果を上げたのだから、当然その社長からも全幅の信頼を得ているものだとばかり思っていました。それなのに、当の相手はそうは思っていなかったのです。これはショックなんてものではありませんでした。

このとき、あらためてコンサルタントという仕事の限界というものを感じました。マッキンゼー流のやり方は確かに効率的ですし、問題解決には抜群の効力を発揮します。でも、そればかりやっていると頭でっかちになって、企業経営の現場が見えなくなってしまう。現場で揉まれない限り、決して出せない人間としての幅や厚み、そうしたものが僕には欠けている。その社長はきっとそういうことを言いたかったのでしょう。

僕自身もニューヨークに来てみて、結局ここでの仕事も東京でやっていたのとたいして変わらないと気付いてから、そろそろ「マッキンゼー後」を考えるべきタイミングなのかな、という気持ちが、少しずつ芽生えはじめてきました。ニューヨーク駐在を終えて東京に戻ると、さらにこの思いは強まりました。

次は「実業」をやっている会社で働いてみよう。そう決心するまで、それほど時間はかかりませんでした。

「一緒に働きたい」で転職を決意

マッキンゼーに辞意を伝えたものの、転職のあてがあるわけではありません。日本に帰国してヘッドハンターに相談したところ、外資系のファンドをいくつか紹介されました。ヘッドハンターは「これからは金融が時代の花形だ」と言うのですが、そう言われてもどうもしっくりこない。僕はマッキンゼー時代から、金融やＩＴにはまるで興味が湧かなかったのです。そして、心底好きにならないことには、さっぱりパフォーマンスが上がらない、という自分の特性もよくわかっていました。

僕がやりたいことっていったい何だろう？

落ち着いて考えてみると、自分でも意外でしたが、そのときに心惹かれたのがエンターテインメント業界でした。感性やクリエイティビティという右脳的要素が強い業界に魅力を感じていたのです。

それで、ヘッドハンターに「エンターテインメント関連」で「実業をやっている企業」という自分の希望を伝えました。すると、数日して映画会社・松竹の資料が届けられたのです。松竹と言えば、『男はつらいよ』。

僕の父親は土日休みの仕事ではなかったので、幼いころは一緒に遊んでもらった記憶があまりないのですが、なぜか『男はつらいよ』のシリーズだけはよく父親と映画館に観にいったことを覚えていましたので、松竹という社名には、不思議な縁のようなものを感じました。また、社長が交代したばかりで、これから社内改革を進めるところだという点も、安定よりも変化が好きな僕にとっては願ったり叶ったりでした。

映画業界のことはあまり知りませんでしたが、何はともあれ面接を受けてみることにしました。

そして、その面接がこれまた強烈なものでした。

会社での面接は形ばかりで、そのあとにインターネットや歌舞伎関連の新規事業の担当部長である井上貴弘さんに飲みに連れていかれたのです。気が付いたら朝の五時になっていました。時間を忘れるくらいこの井上さん、話がめちゃくちゃ面白いのです。

その日別れてから、仕事の説明をまるで受けていない、ということに気付きました。それで、「この前は仕事の内容を伺うのを忘れてしまったので、もう一度時間をください」と井上さんに連絡すると、今度は蕎麦屋に呼ばれてまた朝まで飲み明かしです。そして、またもや仕事の話はまったくないのです。

知り合ったばかりの人間と、二日間も仕事の話抜きで語り明かせてしまう井上さんに、僕はすっかりしびれてしまいました。そして、こういう人がいる会社で働いてみたい、という気持ちになったのはいうまでもありません。

結局、僕はいつでも、事業の内容や仕事の中身よりも、誰と一緒に働くのかという、人とのつながりの部分を一番大切にしているようです。

誰かのためになっていないと力が出ない

松竹入社後は経営企画部に配属されました。希望は井上さんのいる新規事業部だったのですが、社長は会社の経営全般を見てほしいと考えていたらしいのです。でも、経営の手伝いをするのだったら、わざわざマッキンゼーを辞めた意味がありません。

それで、「一番業績の悪いところでいいから現場に出してほしい」としつこくお願いし、最終的に、経営企画の仕事をしながらという条件付きで、ビデオ事業部に配属されることになりました。現場の業務を改善する、というのが僕の役回りです。

配属後には、五十人ほどいる部署のメンバー一人ひとりにインタビューし、その結果をチャートにまとめ、そこから問題点を抽出する、という作業をやりました。ここでも、これまでの僕なりのやり方を踏襲して、コワモテの古株社員たちと毎日飲み歩き、時間をかけて本音を言い合える関係をつくっていきました。問題点を探り、改善策を考え、半年ほどそうした作業に明け暮れて、さあいよいよ改革に着手しよう、というところで何と僕は配置転換になってしまったのです。「あとは別の人間にやらせるから」というのです。

その後も、業績の悪い子会社の経営改善案をつくったり、マッキンゼー時代のコネクションを利用して有力海外メディアとのM&Aを提案したりしましたが、どうも僕が経営企画以外の仕事をすることはあまり歓迎されていないようでした。たいていは「それは君の仕事じゃないでしょう」と言われてしまいます。何か新しいことをしようとしても「仕事が増えるんだよ」と迷惑がられることもありました。

しかし、経営企画の仕事だけやっていればいいと言われても、そこにそれほど仕事があるわけではありません。マッキンゼー時代には時間がいくらあっても足りず、いつも追い詰められているような状態で働いていましたが、だからこそ、やり遂げたときの達成感や満足感は格別だったし、自分の能力が格段に伸びていく感触がありました。

ところが、ここでは能力を伸ばすどころか、力を使い切らないまま一日が終わってしまう感じなのです。仕事をしたいのにできないというのがこんなに苦しいとは、それまでは思ってもみませんでした。でも、僕以外の社員はみんな、それなりに納得して働いているように見えます。僕だけがこの空気に順応できないまま悶々としているのです。

社会問題をテーマにした映画をプロデュースしようか、とも考えましたが、その企画を通すには、会社にこれだけの利益をもたらすという提案書をつくって承認されなければなりません。営利企業にいるのですから当たり前の話なのですが、そのときはなぜかその現実を素直に受け入れる気になれませんでした。

地球温暖化や南北問題、中東の紛争など世界中には解決しなければならない課題が山のようにあって、苦しんでいる人もたくさんいるというのに、自分は会社が利益を上げることだけに注力しなければならない。

だけど、これって自分が本当にやりたかったことじゃない気がする。僕は、もっと直接世の中のためになる仕事がしたい。

三年は頑張るつもりで入った会社でしたが、そうした想いは日に日に募っていきます。しかし、そうはいっても、いったいどういう仕事であれば自分の気持ちを満足させてくれるのか、当時はよくわかりませんでした。

模造紙一枚に「自分の想い」を書き出す

迷った挙句、これは「自分をもう一度見つめ直さないと答えが出ない」という結論に達しました。

そこで大きな模造紙を買ってきて、物心ついたときから今日までを振り返り、どんなときに心の底から楽しかったか、何をつらいと感じたかといったことを、とにかく思い出せる限り、雑多にそこに書き出してみました。「これは一気にやらないといけないな」と思ったので、部屋に閉じこもり、半日ほどひたすら書き続けたのです。

その大きな模造紙にはこんな言葉が並びました。


「感情・共感・共鳴を大切にしたい」

「クリエーションが原動力」

「高い目標に、仲間と、チームで向かっていく」……


この作業をしてみて、三つのことがはっきりしました。

まずは、常に新しいことを生み出せる環境に身を置いていたい。そして、その価値観を共有する仲間と一緒に働きたい。さらには、誰かのためになっている実感を持てる仕事でないと力が出ない、ということでした。

「ソーシャル・セクター」の存在を思い出す

この作業から思い出したのが、マッキンゼーのニューヨーク時代のエピソードです。

当時、同じチームで働いていた仲間が、「このプロジェクトが終わったら、あるＮＰＯの経営メンバーに加わるんだ」と話すのを聞いて、非常に驚いたことがありました。当時の僕はＮＰＯというのはボランティアや慈善団体のようなものだと思っていたので、そんなところに行って食べていけるのだろうか、と思いました。ところがそのアメリカ人の同僚は「いや、給料は今より上がるんだよ」とあっさり言うではありませんか。

「どういうことなんだろう？」と思っていろいろ調べてみたところ、アメリカではＮＰＯ、財団などの社会事業分野＝ソーシャル・セクターの団体が一般の企業と同じように社会的に認知されていることがわかりました。そういえば、マッキンゼーと仕事のつながりのあったところにも、ビル＆メリンダ・ゲイツ財団やクリントン・グローバル・イニシアティブといった団体がいくつもあったことを思い出しました。

また、ＨＩＶ撲滅のための世界最大の基金であるグローバルファンドの理事をマッキンゼーの元代表ラジャ・グプタが務めている、というように、戦略コンサルタントからソーシャル・セクターへというのが、一つのキャリアパスとして成立しているということもわかりました。

当時はこれだけ調べて「ふーん、すごいな」と思っていただけだったのですが、仕事に行き詰まって人生の棚卸しをしていたとき、この記憶がふっと頭に浮かんできたのです。

「僕の居場所はもしかしたら社会事業の分野にあるのかもしれない」、そういう思いが湧いてきました。

しかし、そうしたキャリアパスは、当時の日本ではまるでリアリティがありませんでした。大企業から社会事業団体に転職したという人は、少なくとも僕の周囲には一人もいませんでした。

それなら、もう一度そういう人たちがいるところに行って、とにかく話を聞かせてもらおう。

思い立ったら行動せずにはいられない僕は、会社の休みを使って再度ニューヨークに飛びました。そして、前職のマッキンゼー時代の知人のところに押しかけ、アメリカのＮＰＯなどで活躍している人たちを、半ば強引に紹介してもらったのです。

そうしていくうちに、「ソーシャル・セクターで働いているのはどこか変わった人が多いのだろう」という僕の中にわずかに残っていた偏見は、ものの見事に打ち砕かれました。そのとき会った人たちは、変わり者どころか誰もがしっかりした考えを持ち、とてつもなく優秀だったのです。そうした超優秀な人たちが、社会の課題と向き合い、解決することに真剣に取り組んでいたのです。

僕がやりたかったのは、まさにこういうことだ。日本の会社で不完全燃焼の日々を送っている場合ではない。ようやく自分の未来に希望の灯が見えたような気がしました。

「一気に串を刺すように」問題を解決する

自分の進む道は社会事業分野しかないと思った僕は、帰国してすぐに日本のNPOや財団を調べまくりました。ですが、ここでもすぐ壁にぶちあたりました。「ぜひともここで働きたい」と思うところがないのです。

僕が探していたのは、「社会貢献に対するしっかりした理念と戦略があり」「世界に開かれていて」「志を同じくする人で構成されている少数精鋭の組織」でした。しかし、そうした条件に当てはまるところはなかなか見つかりません。

そんなふうに悶々としていたころに出会ったのが、前にお話ししたマッキンゼーの先輩であり、現在TFTの理事も務めている近藤正晃ジェームスだったのです。

そのときのことは今でも鮮明に覚えています。

「とりあえず食事でも」ということだったのに、あれこれ話しているうちに気が付けばあっという間に三時間が経っていました。興味を持ちはじめたとはいっても、このときまで、僕は社会事業が何たるかということをきちんとは知らなかったのです。そんな素人同然の僕に、彼は社会事業の何たるかを一から丁寧に説明してくれました。

話の中で印象に残ったのは、社会の課題を地球規模で考えるという点です。通信や移動、輸送手段の発達によって、今や世界は網の目のようにつながり、依存し合っています。そうした現状を踏まえれば、一国や一つの地域の取り組みで解決する課題というのは少なく、大半は地球を俯瞰的に見て、「一気に串を刺すような方法」をとらないと、根本的な解決に至らない。そうした考え方には深く共感しました。

たとえば、環境問題においては、割り箸やレジ袋の使用を制限することにも意味はあるでしょうが、それよりも二酸化炭素の排出を抑えることで世界中の人がメリットを享受できるようなしくみを考えた方が、きっと早く問題の解決につながることでしょう。

また、社会問題に対する意識が高くても、日本の外に出たことがなければ、グローバルな視点を持ちにくい。だから、海外経験が豊富でコンサルタント的な問題解決のスキルを持った人間は社会事業分野にこそ必要なのだ、という考え方にも共感するものがありました。

そして、このときの最大の収穫が、TFTの構想を知ったことです。

「今これに取り掛かっているんだけど」とはじまった近藤の説明を聞いているうちに、僕は自分が興奮してくるのがわかりました。このしくみならば、誰もが無理なく参加できて、しかも貧困と飽食の二つの課題を同時に解決できる。それまで僕が聞いてきた日本における社会事業とは、まるで次元が違っていたのです。

さらにこれが「日本発のしくみである」というところにも価値があると思いました。日本人は能力も技術力もある。世界を変えるくらいインパクトのある社会事業が日本から起こってもおかしくないのに、現状はそうなっていない。この新しい市場である社会事業分野でそうしたビジネスモデルをつくりあげ、日本から世界に通用するような社会起業家を輩出しよう。そうした話は震えがくるほど刺激的でした。TFTがそうした存在の第一号になることができるはず。強くそう思ったのです。

世界的経済学者との二十分が「ダメ押し」

「ＴＦＴを事業化する仕事をやらないか」

近藤からそう誘われ、大いに心が動いたものの、ＴＦＴはこの時点ではまったくの構想段階でした。松竹での仕事と並行してＴＦＴの立ち上げ準備も手伝うようになったものの、完全に社会事業の世界に飛び込むことにはまだ不安がありました。それは、ここが日本だからです。

これがニューヨークであれば、社会起業家といえば社会から認知された存在であり、社会事業だけで食べていくこともできるでしょう。実際、そういう人にこれまで何人も会いました。しかし、同じことが東京でもできるだろうかというと、身近に成功している人がいないのです。

そんな僕の迷いを見透かしたのか、ある日近藤は「近々ニューヨークでジェフリー・サックス教授と会うのだけれど、よかったら一緒に来ない？」と僕を誘ってくれました。世界でも有数の国際経済学者で、貧困や環境問題の第一人者である彼の名前は、当時の僕でも知っていました。

興味はあったものの、そのときは、「会社の仕事もあるので考えてみます」としか答えられませんでした。帰り道に本屋でジェフリー・サックス教授の著書『貧困の終焉』（早川書房）を買い求めて読んでみました。全世界から貧困をなくすための具体的な方策を提案したこの本は実に衝撃的な内容で、一気に読み終えたときには「絶対にこの人に会いたい、話を聞きたい」、という気持ちになっていたのです。

数日後、休みをとり、またまたニューヨークに向かいました。

実際にサックス教授に会えたのは正味二十分程度でしたが、そのわずかな時間でも、彼の考え方を知るには十分でした。彼は「私たちは、人類史上はじめて世界の貧困問題を解決できる可能性を手にした世代である」と考えており、先進国がGNPのわずか一％を拠出するだけで、全世界で貧困にあえぐ十億人を救うことができる、と主張しています。

その言葉を彼の口から直接聞いたときには、社会事業に専念することへの迷いは消し飛び、そのために力を使いたいという想いを抑えることができませんでした。

その後、まもなくして僕は会社に辞表を出しました。それが三十五歳の夏でした。

僕が自分の「想い」を見つけるまで

「世界平和に役立つ」という名前

「想い」というものはどこから来るのだろう?

二つめの仕事に行き詰まり、悩んで自分のこれまでを整理していたときには、就職する前、それこそ生まれたときからのできごとを思い出したり、家族に聞いたりもしました。

僕の「真久」という名前は、信心深い母が当時日本一の尼僧と呼び声の高かった梶山智孝上人という方にお願いして授けてもらったものです。僕が生まれようとしていたとき、経を唱えていた上人の頭に、ふいに真と久の二文字が浮かんだということでした。「世界平和に役立つ人間になってほしい」という願いが込められている、と聞きました。

まさに現在の自分の仕事を暗示するような名前の由来ですが、本当は「真」の方は異体字だったらしく、人名用漢字になかったので「真」で間に合わせた、と聞いたときには、「僕の考え方がどこか世間一般とずれているのはそのためか」と妙に納得してしまいました。

母はその名にふさわしい人間に僕を育てようとしたのでしょう。挨拶をはじめ、しつけはかなり厳しかったと記憶しています。その甲斐あってか二歳のころには、毎朝家の仏壇にごはんとお茶、水をお供えし、線香をあげて手を合わせるのが日課の子どもになっていました。

幼稚園時代には、なぜか「乱暴者の問題児といじめられっ子の両方から好かれる」という僕の特異なキャラクターが注目され、母は先生から「いったいどういう育て方をすればこういう子どもになるのか」とたびたび質問されたそうです。

小学校では東京から地方に移りました。

転校して環境が変わったこともあって、徐々にいい子から、自分が納得しないことには従わない、という今に通じる僕の性格が姿を現しはじめます。

転校先の小学校では〝あてっこ〟という遊びが流行っていました。ボールを当てられた人が鬼になり、次に誰かにぶつけると鬼が入れ替わる、という単純な遊びです。ドッジボールのように枠がなく、どこに逃げてもいいので、遠くに行かれてしまうと鬼はお手上げです。いったん鬼になるとなかなかそこから抜け出せない、というちょっと過酷なゲームなのです。

子どもは残酷なところがありますから、全員で示し合わせて一人を鬼に追い込むようなことをします。転校生である僕は格好の餌食でした。ここで存在感を見せなければいつまで経ってもここで受け入れてもらえない。そう思った僕は鬼になると、「こいつにぶつける」と決めた相手を徹底的に追いかけました。中には学校の外まで逃げていく子もいましたが、そんなときも追及の手を緩めません。昼休みが終わって掃除の時間になってもおかまいなしです。

そのしつこさのお陰で仲間内から一目置かれるようになったのはよかったのですが、いくら今より大らかな時代とはいえ、毎日掃除の時間を無視して走りまわっている子どもを先生が見逃すはずはありません。しかし、いくら注意されてもどこ吹く風で一向に態度を改めようとしないのですから、ほとほと手を焼いたと思います。

こんなこともありました。その学校は廊下の中央に白線が引いてあって、児童は左側を整然と歩かなければいけない、という決まりになっていたのですが、例によって、どうしてそんなことをしなければならないのかを理解できない僕は、わざと反対側や白線の上を歩くようにしていたのです。当然、いろいろな先生から注意されたり叱られたりします。けれども反省しない。それどころか、「これはルールが間違っている、だって……」と先生を言い負かそうとする始末。態度は悪いけれど弁は立ったのです。

そんな生意気な僕のことを、先生たちもよほど腹に据えかねたのでしょう。卒業文集には「いたずらやルール破りが多く、注意されても屁理屈をいって正当化しようとする」という、僕に対する評価がしっかりと書かれています。

型にはめられるのは我慢ならない

中学になるとまた東京に戻りました。

しかし、学校は面白くなかった。小学校時代はサッカーに夢中になっていたので中学校もサッカー部に入ったのですが、小学校にはなかった上下関係や、守らなければならない決まりなどがたくさんあって、僕にはそれが押し付けにしか思えず、嫌でたまらなかったのです。しまいにはあれほど好きだったサッカーに対する情熱すら薄れてしまいました。

学校は嫌いでしたが、その分は塾に救われました。塾で別の中学の生徒たちと学校とは違う話題で盛り上がり、勉強よりもその時間の楽しさのために塾に通っていたといってもいいぐらいです。塾が終わると仲間と雑居ビルに入り込んで、警備員の目を盗んで屋上に出るのも好きでした。屋上に立つとなんだかそのビルを制覇した気分になって気持ちがいいのです。街中のビルを制覇するぞ、と盛り上がっていました。


型にはめられるのが苦手で、未知のものへの好奇心を満足させることにこの上ない喜びを感じる僕にとって、進学先に早稲田大学高等学院という大学の付属校を選んだことは大正解でした。

自由な校風のせいか、そこに集まってくる生徒のタイプも千差万別で、中学のころ塾で味わったような時間を学校で過ごすことができました。先生は大学で教鞭をとっている人が多く、大学受験と無縁でいられる付属校の授業では自分の得意分野に思い切り偏向した授業をやっており、これが実に面白いのです。

縄文時代だけを三年間教え続ける日本史の先生がいたり、古文の授業なのにいつも投資や株のしくみの解説しかしない先生がいたり、他の学校ではちょっと考えられない、そういう変わった授業が僕は大好きでした。全国大会出場を決めたラグビー部の友人が、練習が忙しくて勉強する時間がなく、地理のテストに「僕の知識はこれしかありません」と断って、中央線の東京から八王子までの全駅名を書いて提出したところ、満点に近い点数が付いて戻ってきたこともありました。

そんな雰囲気の中で、僕はバレーボール部に所属して練習に打ち込む傍ら、映画を観たり本を読んだり友だちと語らったりしているうちに、三年間はあっという間に過ぎていきました。自由を謳歌できるってなんて素晴らしいんだろう。そのことに改めて気付かされた時間でした。

退屈な大学生活を救ってくれた海外旅行

付属高校だったので大学もそのまま進学することができました。高校三年になると進学先の学部を決めなければなりません。それまで好きなように過ごしてきた僕も、ようやく自分は大学で何を勉強したいのだろうと考えはじめました。そして選んだのは理工学部の機械工学科。これは積極的に希望して、というよりも消去法からでした。

まず、政治や法律や経済にはまるで興味がなく、文学青年でもないので、文系の学部はどれも候補から外れました。学校の勉強もどちらかといえば理系の成績がよかったということもあり、理系の学部から選ぶことにしました。

とはいえ、特に研究したいテーマがあるわけではなく、どうしたものかと悩んでいたところ、友人から「機械工学は扱う範囲が広いから、迷っているのならとりあえずそこにしておけば」と言われ、それで理工学部の機械工学科に決めたのです。

ところが、大学に入ってみてすぐに後悔しました。講義は退屈だし、そこに集まってきている学生たちは、その退屈な講義にじっと耳を傾けて黙々とノートをとるような、僕が最も苦手とするまじめタイプばかりだったのです。

同級生の大半は、一所懸命勉強して、「いい会社」に就職することを目標にしていました。機械を専門とする彼らにとって、当時の「いい会社」はイコール大手の自動車会社です。だけど、僕は車のエンジニアになんかなりたくなかったし、そんな敷かれたレールの上を進んでいくような人生のよさを理解できませんでした。でも、そんなふうに思うのは僕だけで、他のみんなはそれを当然という顔で受け入れているのです。

高校時代を個性的な友人たちと過ごしてきた僕には、この空気は耐え難いものでした。サークル活動にはけ口を求めようとしても、体育会系的な上下関係が幅を利かせていて、高校のときのような開放感を味わえそうなところはありませんでした。

「もう大学に期待するのはやめよう」と思っていたとき、高校時代の友人からアメリカに行かないか、と誘われました。

サンフランシスコ、ロサンゼルス、サンディエゴから国境を越えてメキシコのティファナと西海岸を南下し、それから東に移動してフロリダ半島のマイアミまで、安宿に泊まりながらの一カ月にわたる旅行が、それまでの鬱々とした日々を抜け出す転機となりました。大学がつまらないなら、キャンパスを飛び出せばよかったんだ。だって、世界には刺激と驚きがあふれているのです。ようやくそのことに思い至りました。

帰国すると、すぐに「今度は別の国に行ってみたい」という気持ちが湧き上がってきました。でも、その前に英語力を付けなければ、と思いました。マイアミで泊まる予定だったホテルがハリケーンに破壊され、急きょ別の宿を探さなければならなくなったとき、英語が通じずにものすごく苦労した経験をしたからです。

「とにかく実践で使える英語を身につけよう」と、自宅に近い座間の米軍キャンプで英語の勉強をはじめました。それから、次の旅行資金のためにアルバイトに励み、お金が貯まるとふらりと海外に行くというのが、僕の大学生活の基本スタイルとなったのです。

シンガポール、マレーシア、タイ、韓国、オーストラリア、ヨーロッパ……、世界中を放浪し、そこで出会った人たちを通してさまざまな文化や価値観に触れるのがとにかく面白くて、もう大学生活の退屈さは気にならなくなりました。

大学在学中には、イアエステ（ＩＡＥＳＴＥ／社団法人日本国際学生技術研修協会）の国際インターンシップ・プログラムを使ってスロバキアに二カ月間住んだこともあります。そのプログラムは世界中の理工農薬系学生を対象としており、国籍や宗教の異なる人たちと寮で共同生活をしたのは、実に貴重な体験でした。

ルームメイトが朝から床でお祈りをしていたり、野菜以外は口にしないベジタリアンと食事を一緒につくったり、「正義とは何か」を議論するうちにそれぞれが自分の国を代表しているような気になって夜通し意見を闘わせたり、そんな毎日は刺激に満ちていました。

それから、地元のスロバキアの学生が、異国から来た学生がホームシックにならないようパーティーを開いてくれたり、週末に旅行に連れていってくれたり、いろいろと気を遣ってくれるのもありがたいことでした。日本人でも東欧人でも思いやりの気持ちは同じなんだ、ということが身に染みました。

肝心の勉強はと言えば、英語で授業が行われるものだと思っていたら、担当教授がスロバキア語とドイツ語しか話せないということがわかり、初日から暗礁に乗り上げました。教授の専門はエンジニアリング・デザインなので、「毎日何か一つデッサンして提出すればいい」ということにしてもらい、毎日街に出ては絵を描いていました。

せっかくスロバキアまで来たのだから、と最初のうちこそまじめにこの課題に取り組んでいたのですが、スロバキアというのはテニスが盛んで、市内のいたるところで女子学生がテニスをしているのです。しかも、東欧の女性は、みんなめちゃくちゃにかわいいときている。テニスコートを見つけるとつい吸い寄せられて、ボールを追う彼女たちの姿を見つめてしまうので、デッサンにかける時間は日に日に短くなり、最後の方ではほとんど描かなくなってしまいました。

つまり、ここでも勉強はほとんどしなかった、ということです。

人工心臓の研究との出会い

大学時代、僕はモヒカン刈りにピアスという格好で通していました。自分としては気に入っていたのですが、やはりまじめに勉強する気があるようには見えなかったのでしょう。四年生になって入った研究室の先生は、明らかに僕を避けていました。とはいえ、僕の方も車のエンジンや流体力学というその研究室のテーマにはまったく興味がなく、入った動機は「新設なので入りやすいから」というどうしようもないものでしたから、文句は言えません。

「大学でやりたいことなんて何もない」、梅津光生教授と出会わなければ、僕はそう思ったまま卒業していたでしょう。梅津先生は、僕の研究室の隣にある研究室の責任者で、人工心臓の研究が専門でした。

梅津研究室は開放的で、隣の研究室に所属する僕にもやっていることが自然と耳に入ってきます。どうやら人工心臓を研究しているらしいということがわかってくると、それがどういうものか気になりはじめ、ときどき隣にも顔を出すようになりました。そうしたら、自分のやっている自動車のエンジンの研究よりも断然面白そうなのです。

そこで、あるとき梅津先生をつかまえて「人工心臓にものすごく魅力を感じるので、そちらの研究室で何かやらせてもらえませんか」とお願いしてみました。もちろん普通であれば断られるに決まっています。加えて、僕のモヒカン・ピアスという風貌であればなおさらでしょう。ところが、梅津先生は懐の深い方で、「なんとかしてあげるよ」と了解してくださったのです。そして、研究室を途中で変わることはできないので、元の研究室に所属したまま梅津研究室に参加させてもらえることになりました。

梅津先生の開発した人工心臓は「スパイラルモデル」といって、ポンプの入口と出口を結ぶ管をらせん状にしたものです。血液は少しでも流れが悪くなるとすぐに血栓ができ、その破片が脳の血管を詰まらせて脳梗塞を引き起こしたりします。なので、人工心臓において血液の流れをよくして血栓ができないようにするというのは、とても重要なことなのです。僕は梅津研究室でその血液の流れを見る実験を任されました。

実験には人間の代わりに牛の血液を使います。品川の食肉処理場で採取した新鮮な血を冷凍保存して研究室まで運んでくる、というのも僕の役目でした。

あるとき駅のホームで職務質問を受け、アイスボックスの中身を見せろというので、フタを開けたところ、氷で冷やされた血液の容器がわんさか出てきたものだから、大騒ぎになりました。いくら「牛の血です」と言っても聞き届けられず、一も二もなく警察に連行されてしまいました。時期も悪かったのです。ちょうどある宗教団体が世間を騒がせているころで、おまけに穿いているジーパンには採取の際に飛び散った牛の血がこびりついている。その上頭はモヒカンですから、「こいつは何か悪いことをやっているに違いない」と疑われるのも、まあ無理はありません。

食肉処理場では、忘れられない光景も目にしました。

これから殺される牛たちが並んで順番を待っています。その牛たちは自分の運命を知っているのでしょうか？　目にいっぱいの涙を浮かべているのです。泣いている牛がずらりと並ぶその光景は、とても衝撃的なものでした。

僕が食べものを残さないよう、かなり気を付けるようになったのは、このときからです。

楽しかったオーストラリアの研究時代

大学を卒業しても、すぐに就職するつもりはありませんでした。希望は海外で人工心臓の研究を続けることでした。

当時、人工心臓ではアメリカ、シンガポール、オーストラリアのそれぞれの大学に有名な研究室がありました。僕が海外で勉強したいと言うと、梅津先生はそのすべての大学に僕を連れていってくださったのです。

この中から僕はオーストラリアを選びました。大学の特性もありましたが、住む国として最も心惹かれたことが決め手となりました。

オーストラリアは人工心臓の移植手術が盛んな上に、病院にお願いすれば簡単に学生にも手術を見学させてくれるなど、自由が大好きな僕にとってはとても研究がしやすい環境でした。僕は当初二年間だった留学予定を大幅に延長し、四年近くかけて修士論文を書き上げました。研究に没頭していたらあっという間に時間が経ってしまった、というわけではなく、例によって異国の人たちとの交流が楽しくて、そちらをエンジョイしていたせいで、なかなか論文が書けなかったのです。

「自分の生きる軸＝想い」を見つけた

今から振り返れば、この学生生活のときまでに、自分の生きていく上での「軸」のようなものがおおよそ固まっていたように思います。

一つには、「国や組織の壁を超えてものごとに取り組みたい」ということ。各国を旅した経験から違う文化の人たちとコミュニケーションをとることの楽しさを知り、オーストラリアでは現地の医師の方と立場や国籍を超えて研究をすることがとても楽しかったのです。

二つには、「社会に役立つことをしたい」ということ。人工心臓の研究をしていても、僕が感動するのは、新しい発見をしたり成果を上げたりしたときではなく、患者さんに感謝されたときなのです。こうした感動を得るために仕事をしたい、と思いました。

三つには、「日本を舞台にしたい」ということ。オーストラリアでは研究と並行して日本語講師のアルバイトもしていたのですが、ここで日本への興味や期待を強く感じる機会がありました。外から見てはじめてわかる日本の価値に触れ、日本人に生まれた以上は自分の生まれた国の価値を上げることに関わりたい、そう考えるようになりました。

この三つが、いつしか僕の「想い」となって、その後の仕事と人生を形づくるベースとなってきたように思うのです。

第3章

社会起業にビジネススキルをいかす

社会起業にこそ必要なビジネススキル

「自分たちの主義や主張を声高に語るばかりで、ビジネスの常識を持ち合わせていない」、社会事業をやっていると言うと、こんなふうに見られることがよくあります。

実際、会社勤めを嫌って駆け込み寺のような感覚で、NPOに居場所を求めて逃げ込んで来る、というケースもあるのでしょう。

では、社会事業には、本当にそのような人たちしかいないのでしょうか?

そんなことはありません。

それほど多くの同業者と交流があるわけではないので、社会起業家や社会事業に従事している人たちのことを何から何まで正確に把握している、とは言えませんが、それでも、既に多くの優秀な社会起業家やスタッフに会ってきました。それに、僕たちのように、一般の企業と提携してビジネスを行うNPOでは、ビジネスマインドや社会常識を持っている人でなければやっていけません。

また、内閣府の認証を受けたNPOであれば、毎期の決算書類を所轄庁に提出することが義務付けられているので、財務会計の知識が必要になります。人事面でも広告宣伝面でも、「限られたリソースを最大限有効に使っていかなければ生き残れない」というのは、営利を追求する一般企業と何ら変わりはないのです。

つまり、社会事業であっても、「志は善、しかしビジネススキルがない」という人では、うまくやっていくことはできません。

それでは、社会事業で働く人は、具体的にどんな仕事をしているのか。また、特にどんな能力を必要とされるのか。それをＴＦＴのこれまでをモデルにしてまとめていきたいと思います。

これらは、前にご紹介したＴＦＴの「５Ｐ」と密接に関わってきます。

❶Purpose（目的・達成目標）＝テーブル・フォー・ツーのミッションは何か。
❷Partnering（提携）＝どんな組織や団体とどのような形態で連携していくか。
❸People（組織・人事）＝どんな人たちを巻き込んでいくか。また、組織づくりに必要なのはどういう人か。

❹Ｐｒｏｍｏｔｉｏｎ（宣伝・広報）＝ミッションや活動内容を、どんな媒体や手段でどのように伝えていくか。

❺Ｐｒｏｆｉｔ（利益・成果）＝どうやって事業収益を上げて目的を達成するか。

Ｐｕｒｐｏｓｅに基づき、そのほかのＰａｒｔｎｅｒｉｎｇ、Ｐｅｏｐｌｅ、Ｐｒｏｍｏｔｉｏｎ、Ｐｒｏｆｉｔという各要素を考えていく必要がありました。きっと、これはどんな社会事業の団体でも必要になるものだと思います。

Purpose［目的・達成目標］

――何のための事業なのか、徹底的に考え抜く

「自分たちにしかできないこと」は何か

世界の食の不均衡を是正し、先進国の肥満と開発途上国の飢餓、この二つの問題を同時

に解決する。

ＴＦＴの事業内容を考えるということは、このコンセプトを実際にどう展開していくのかを考えることでした。数値目標だけを追うのではなく、意識改革にも重点を置く、ということが見えてくると、その後は「そこで僕たちの出せる付加価値は何だろう」と考えていきました。

「二つの問題を同時に解決する」

僕がすごいと思ったこの驚きのポイントをどう具体化するか。二つの問題が同時に解決することをどうやってわかりやすく見せるか。寄付金は誰に出してもらい、どういうしくみで支援先まで届けるのか。

活動場所についても、先進国と開発途上国というだけでは、該当する国は星の数ほどあります。その中で活動を展開する国と事業領域を合理的に決めなければならない。

僕は、ここでもコンサル時代の思考法を活用しました。

論理思考や問題解決の基本とされるロジックツリーを描き、活動地域、活動内容、展開の方法、想定される課題などについて、考えられる要素をすべて列挙、整理したのです。

そしてその中で、自分たちができること、やるべきことを考え抜いていきました。

●インパクト（効果）が大きいものはどれか
●自分たちのビジネスモデルやスキルで実行できるのか
●現況はどうか（既にその手段を着手している先行プレーヤーはいないか）

といった点から検討を加えていきました。「ここところがやるべきこと」「ここもやりたいが優先順位は低い」「こちらは他の団体にまかせるべき」という仮説を立てながら、TFTのpurposeを精査していきました。

ニューヨークで経済学者のジェフリー・サックス教授と会ったときのことです。

彼の切れ味鋭い思考に圧倒されつつも、彼の思考回路もロジックツリーを描き、課題を分解していく、僕がマッキンゼーで叩き込まれた手法と同じであることを感じました。ただ、彼の場合は、ロジックツリーの一番上に来る大命題が「世界の貧困をなくす」という、とてつもなく大きな課題であるわけです。でも、そのくらい大きな課題にも、この手法が使える。そのことを実感してとても心強く思いました。

一見、解決することなど到底できないと思われるような難題であっても、課題を細かく要素分解して整理することで、解決可能と思われるレベルまで落とし込むことができる。それがこのロジックツリーという武器の強みです。そして、このロジックツリーは地球規模の課題に対してもその強みを発揮することを、サックス教授が示してくれたのです。多くの人が解決可能と信じることで、多くの協力者を募ることができる、それが大きなうねりを生み出し、変革の原動力になる。そのことを強く感じました。

- 農業（農家）の活性化
  - 20年内で農業の就業人口は4％強減少。担い手の減少
  - 1980年に約700万人→2000年約390万人
- 外国産食糧（原料）減らす

- 食べ過ぎを減らす
  - 一食当たりの量
  - 食事の回数
  - 食べ過ぎが原因のメタボ・生活習慣病が深刻化。約2,000万人がメタボ予備軍
- 食べ残し（廃棄）を減らす
  - 輸入した食糧の40％にあたる量が捨てられている。金額に換算すると約11兆円分

- 農業生産性を上げる
  - 農業指導
  - 肥料・種
  - 機械
- 海外に出て行く食糧を減らす

- 食糧を実際に入手する
- 食糧を購入する資金を得る

（データは2009年当時のもの）

図4
世界の食糧配分の不均衡を解決するには

現状課題…………

- 世界で生産される食糧の熱量を換算、世界人口で割ると1日1人あたり2,700キロカロリーの食糧摂取が可能。これは成人の必要摂取量を上回る
- ところが、国連人口基金の調査では、開発途上国105ヵ国中、約40ヵ国が深刻な食糧不足に直面。これらの国では約10億人が飢え、約20億人が栄養不足に苦しむ

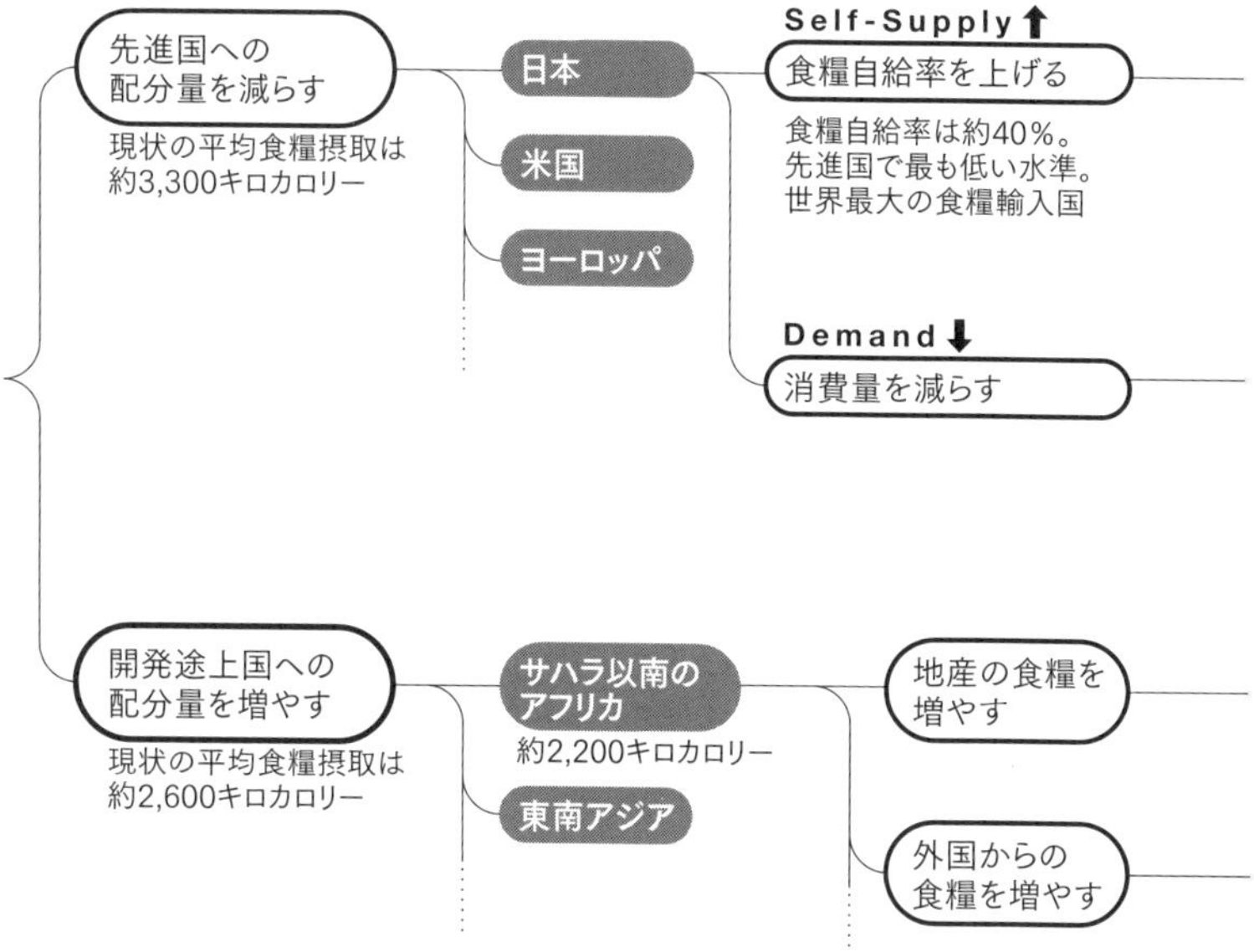

Partnering［提携］
相手を見極め、長く続くよい関係を築く

営業する先をどう決めるか

先進国と開発途上国と双方の人々の健康を食・食事を通して推進する、というＴＦＴのＰｕｒｐｏｓｅ（目的・達成目標）のためには、ＴＦＴの食堂プログラムを採用してくれる企業・団体を一ヵ所でも増やすことが第一歩です。
ＴＦＴのメニューを提供する場所は社員食堂であり、主な営業先となるのは企業をはじめ、学校、官公庁などになります。

営業の対象となる企業や団体は、
●社員食堂があり、一定数以上の利用者がいる

●社員が参加できる社会貢献やCSRに力を入れている
●社員の健康管理に積極的に取り組んでいる

といった条件から探し出し、直接訪問してTFTの趣旨やしくみを説明して導入を打診します。このあたりは一般企業の営業担当者が自社の商品やサービスを売り込むときと同じです。訪問前にはアポイントメントをとり、訪問の目的を告げ、訪問時はスーツにネクタイを締める点なども変わりないでしょう。

訪問前に相手のことをできる限り調べてから出掛ける、というのも営業担当者であれば誰しもしていることだと思います。

業界でのポジションはどういったものか、どんな事業に力を入れているのか、工場や拠点はどのくらいあるのか、そしてどんなCSR活動を行っているのか。さらには、相手とよい関係を築くために僕たちの持っている人的ネットワークをいかせる部分はないか。そうした基本情報を押さえてから出向くことは、営業の成功確率を高めるために大切な準備作業です。

対等なビジネスパートナーになるために

基本は一般企業の営業と同じだとは言っても、僕たちがＮＰＯだということで、相手に何らかの偏見を持たれたり、対等に扱ってもらえないこともままあります。僕たちは趣味や道楽ではなく、きちんとした使命を持ってビジネスとして活動しているわけなので、企業と対等のビジネスパートナーになり得ると思っているのですが、はじめてお会いするときにはそうは見てもらえないこともあります。ＴＦＴ導入を検討してもらう際にも、「こちらはやってあげているのだから」という態度をとる方がたまにいることも事実です。

僕たちが目指すのは、企業の方も僕たちと一緒に、社会の課題に対して当事者意識を持って課題解決に向けてパートナーシップを組んでいく、という姿です。ＴＦＴの活動は「やってあげる」ものでもなければ、「やらされる」ものでもなく、「寄付する人」が「される人」よりも偉いということもない、と考えています。

ＴＦＴのビジネスモデルは、提携する企業や団体なしには成り立ちません。だからこそ、提携先の相手とは同じ目線で「どうすればもっとよい活動ができるのか」という相談をしながら、強いパートナーシップを築いていかなければと思っています。

企業で働く人たちも、社会や人に対する何らかの「想い」を持っているはずです。でも、その想いが仕事の中では発揮できず、内に秘めざるを得ない場合も多く見かけます。僕たちの社会事業というビジネスは、そうした想いを解き放つ場として有効なのです。

つまり、僕たちが挑もうとしている社会課題や目指す変革について説明し、そうした人たちの想いに訴えることができれば、彼らはＴＦＴの活動に深い思い入れを持って賛同してくれ、自分の仕事として主体的に関わってくれるようになります。そうした状況をつくることが、本当の意味でパートナーシップを築くということなのだと思います。

僕たちの仕事というのは、ありとあらゆる情報やデータを駆使して相手の左脳に論理を説くのと同時に、熱意と情熱をぶつけて右脳に訴えることでもあります。それによって、ふだんの仕事で埋もれていた想いに寄り添い、対等なパートナーシップをつくりあげるのです。

そして、あらゆる手を尽くしても、いつまでもこちらを「御用聞き」として見るだけで、パートナーシップを築いていただけない場合は長く関係を保つべきではない。ときにはそういう見極めも必要になります。

ボトルネックになっているのはどこか

相手の想いに寄り添うことができたら、次はその方が所属する組織でＴＦＴのプログラムをスムーズに導入できるように、僕たちにどんなサポートができるのかを考えます。

ＴＦＴの一番のセールスポイントは「社会貢献と社員の健康増進を同時にできる」ということですが、売りになるのはそれだけではありません。「日本発のビジネスモデル」や「誰でも参加できる」といった点もポイントですし、場合によってはこちらを強調することもあります。

たとえば、相手が伝統ある企業であれば「これは日本人によって発案され、日本ではじまった社会貢献活動です」という説明が有効ですし、社員を公平かつ平等に扱うことを重視している企業であれば「誰もが無理なく参加できるしくみです」という説明が効果的になる、といった具合です。

企業がＴＦＴの導入を決める際は、さまざまな立場の人が意思決定に参加します。実際、担当者の方は好意的であっても採用にまで至らない、ということもよくあります。つまり、僕たちからは見えない意思決定者に、「よし、やろう」と言ってもらえるかどうか、最後に大事になるのはこの部分です。

そのために、担当者の方とは膝を突き合わせて話し合い、部内会議や役員会議で指摘されそうなポイントについて詳細な情報提供をします。僕たちが意思決定の場に同席することは稀ですから、最終的には提案していただく担当者の方にすべてを託すことになります。担当者の方が持つ懸念点を徹底的に洗い出し、一緒に問題解決を行いながら、自信を持って発表してもらえるように手を尽くします。場合によっては、既にＴＦＴを導入している企業を見学してもらい、自社が導入したときのイメージを膨らませてもらうこともあります。

こうして周到に準備を重ねた末、担当者の方から「無事通りましたよ！」と連絡をもらったときの感激はひとしおです。きっと一般企業の営業の方が商談をまとめたときも同じような気持ちになるのでしょう。

担当が複数の部門にまたがる企業では、社内のさまざまな部門、部署との調整も考える必要があります。

通常、TFT導入の担当となるのは、人事・総務・CSRなどの部門です。さらに企業によっては社員の福利厚生の面から労働組合が関わってくる場合もあります。CSR部が窓口であっても、その部門のニーズに応えるだけでなく、人事部や総務部にも説明しやすい情報を提供することが、導入の成功率を高めるカギになるのです。導入に二の足を踏ませているのはどの部門なのか、そして彼らの懸念点はどこにあるのかといったことを探る洞察力や、参考になる情報を引き出す力が求められるわけです。

僕たちが多くの企業を訪問する中で学んだ「気にするポイントの部門別の傾向」をまとめてみましょう。

部門別「傾向と対策」マニュアル

CSR部門の場合は、担当者の方が最も懸念するのは、「どれだけ多くの社員が社会貢献活動に参加してくれるのか」という点です。TFTのプログラムを導入したのはいいけれど、社員の士気が上がらずに寄付金も集まらないとなれば、旗振り役としての自部門の立場がなくなってしまいます。

この懸念に対しては、社員の方が負担する寄付金は一食二十円であり大きな負担にはならない点、またランチで抑えるカロリーも通常の一、二割減程度と無理のない範囲である点を丁寧に説明します。また、忙しくて通常では社会貢献活動に参加できない社員の方であっても、社員食堂が活動の場であれば参加しやすいことを伝えます。その上で他社の参加率を紹介することで納得してもらえる可能性が高まります。

人事部の場合は、「メタボ対策」というＴＦＴのセールスポイントをアピールします。メタボ予防と対策を企業に義務付けた「特定保健指導（メタボ健診）」の開始に伴い、メタボ社員を減らすことを経営課題の一つに掲げる会社が増えています。この課題の担当になるのはたいてい人事部ですが、この降って湧いた仕事への対応に頭を悩ませているケースが多く見られます。忙しい社員に対する有効なメタボ予防策がないことが人事部を困らせる要因です。これに対してＴＦＴのプログラムは、多くの社員が毎日利用する社員食堂で食事のカロリーセーブができる点をアピールします。忙しくて過食になりがちな社員の方ほど社員食堂を利用している点も付け加えます。ＴＦＴのヘルシーランチを食べ続けて、半年で十キログラム近くの減量に成功した方の事例などを紹介すると、がぜん興味を持ってもらえます。

総務部門の場合は、気を付けているのが食堂の運営を行う給食会社との関係です。総務部の方は給食会社と価格交渉などでシビアな議論をしていることがあり、TFTプログラムの導入で新たに給食会社に負担をかけることを躊躇されることが多いのです。そうした場合には、給食会社との交渉や栄養士とのメニューの相談などは僕たちがやることをご説明して懸念を払拭するようにしています。

労働組合の場合は、「寄付金の二十円を組合員である社員が負担する」ということに難色を示されることがあります。ここでは、それは強制的な負担ではなく、「貧困のために満足に食事がとれない子どもたちに給食を提供する」という趣旨に賛同した人だけが自由意思で行う寄付であり、自分自身の健康のための投資にもなる、という話をすることで理解してもらえます。

「業種」によっても攻め方は異なる

一般企業でも自治体でも、社員食堂があるところはすべてＴＦＴの営業対象となります。また、相手によってプログラムの中身が変わることはありません。

だからといって、どこに対しても同じアプローチをすればいいか、といったらそれは違います。「ここが決め手になる」というポイントは企業や組織によって異なるからです。先ほどは部門ごとにアピールポイントを変えるお話をしましたが、そもそも相手の業種や組織の性質によっても、こちらの対応を変える必要があります。

理念やしくみは気に入ってもらったのに、なかなか採用に至らない、という他のＮＰＯの話を耳にしますが、それは相手の落とし所を押さえ、攻め方を変える、といった営業上の工夫をしていないからではないでしょうか。

「いい商品なら黙っていても売れるはず」というのが理想論であるように、「素晴らしい社会貢献のしくみだから、普通に説明すればみんな協力してくれる」というのも、また幻想でしかありません。NPOの営業にも、緻密な戦略や理に適った営業スキルは必要なのです。相手の業種・職種別に、僕たちがとっている営業方法も少しご紹介してみます。

企業の「もう一つの想い」

一般企業の場合には、二十円という少ない額の寄付金で、どれほど意味のあることができるのか、という「社会事業としてのインパクト」に関する部分に関心が寄せられます。常日ごろから、投資対効果について考えている一般企業であれば当然のことでしょう。

また、どこの企業も、多かれ少なかれ、同業他社の動向が気になるようです。ただし、他社情報をどう受け取るのかという点はさまざまです。ある企業では「○○業界では、御社が初の導入企業です」ということが決め手となりますが、反対に「同じ業界の○○社さんでも試験的に導入していただいています」ということが安心材料となって話が進む場合もあります。そのあたりの業界・会社ごとの考え方や傾向は事前に調べておかないと、ちょっとした一言が思わぬ結果を招くことになりかねません。

それから、一般企業を相手にする場合は「相手のスピードに合わせられるかどうか」ということも営業の成功率を高める重要なポイントです。特に大企業はNPOに対しても、ふだんやりとりをしている協力会社と同じように迅速で行き届いた対応をしてくれるもの、と思っていることがあり、午前に受けたメールの返信を夕方にしたら「どうなっているんだ」とお叱りを受けたこともあります。

TFTの場合は人的資源が十分でないので、相手を完璧に満足させるだけの対応をするのは大変な面もあるのですが、だからといって「御社と同じ速度では走れません」と開き直ってもよい展開には結び付きません。

僕は、かつて一般の企業で働いていたので、会社の中でどのような手順でものごとが処理されているかを理解しているつもりです。だから、多少の無理をしてでも相手の求めるスピードや内容で対応しようと努力しています。それでも、どうしてもできないときは、できない理由を説明します。「すみません、事務局のスタッフが二人しかいない上に今週は立て込んでしまって」と伝えると「えっ、そうなんですか！　何十人とスタッフの方がいるのかと思っていました。それならこの作業はこちらでやっておきますよ」と親切に対応してくださる方もいました。

こうして創業間もないNPO法人の現実をお伝えすることも、パートナーシップを築く上で大切なことだと思っています。

また、食の不均衡を解決するという想いを企業の方と共有することは、一緒に事業をする上での大前提ですが、企業の場合には、「自社の社会貢献活動を認知してもらう」というもう一つの想いがあります。株主、顧客、取引先といった、企業にとってのステークホルダーに社会貢献への取り組みを知ってもらうことは、事業や企業イメージのプラスになるためです。

僕たちもできる限り、こうした企業の「もう一つの想い」に応えられるようにしています。たとえば、導入企業はウェブサイトに企業ロゴとともに紹介していますし、メディアの取材を受ける際にはなるべく具体的に企業の名前や導入例を説明して、企業が取り上げてもらえるよう努力をしています。

そうしたメディアの露出や報道内容はまとめて担当者にフィードバックします。こうすることで担当者がＴＦＴプログラムを実施することのメリットを社内にアピールしやすくなるからです。

こうした小さな配慮を積み重ねることが、さらなる企業との連携強化につながるのだと思っています。

図5
TFT導入企業の増加

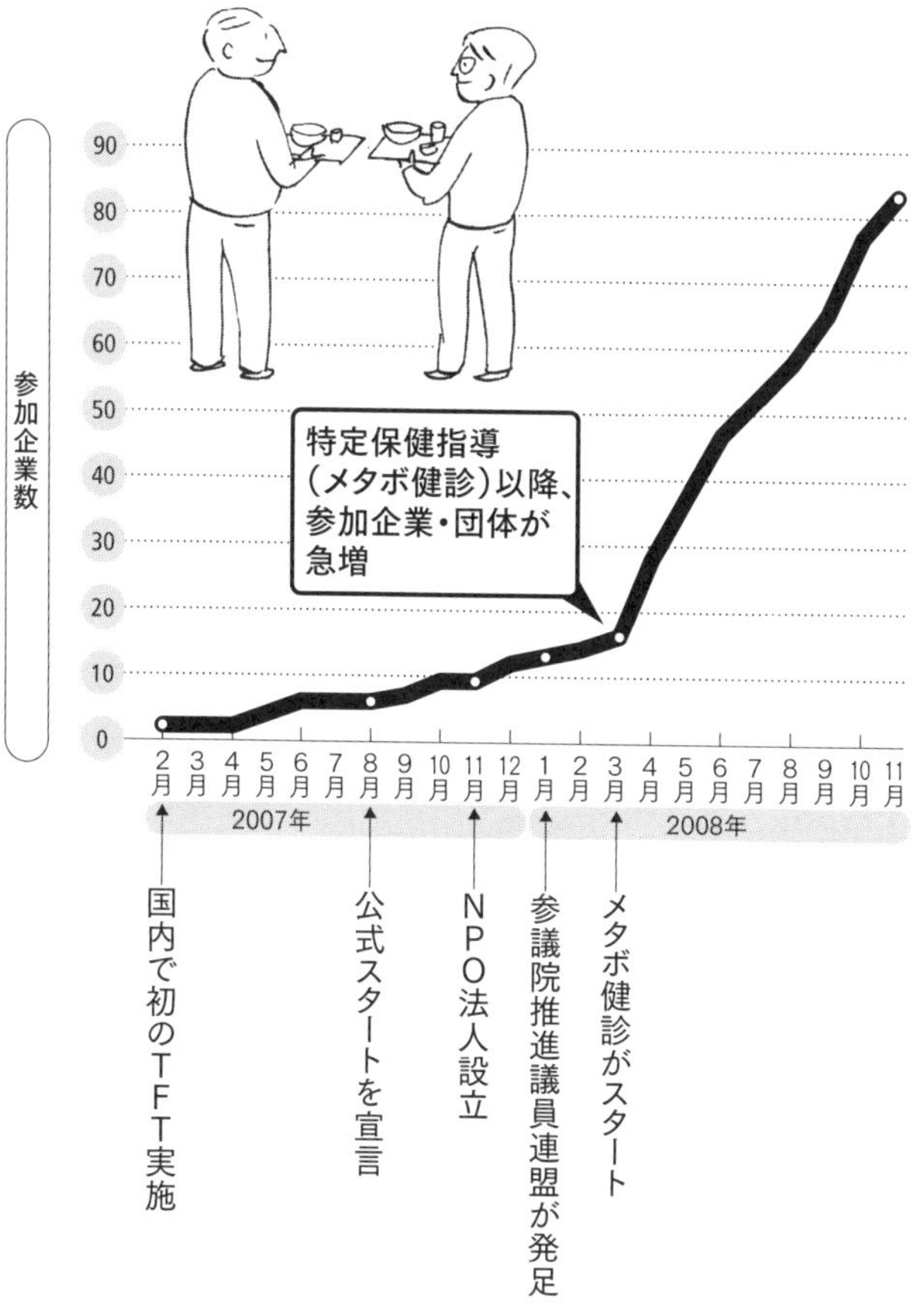

自治体・学校・議員の「決め手」

次に、相手方が自治体である場合には、寄付金の使い道に関する細かな情報開示が必須となります。寄付金のうち、開発途上国の給食費にあてる額と運営費の比率はどうなのか、運営費の中でも交通費や広告宣伝費はそれぞれどのくらいなのか、そういった細かな部分まで説明が求められることもあります。

自治体の場合、職員食堂の運営費も税金からまかなわれているわけですから、提携先である僕たちの財務内容を厳しく見極めるのは、ある意味当然のことでしょう。でも、「業者からボールペンを仕入れるときは原価やその内訳まで教えろとは言わないだろうにNPOにはずいぶん厳しいよなあ」、正直そう思うこともあります。

とはいえ、そこで反論しても仕方がないので、できる限りの情報開示をするようにします。さらに自治体は意思決定に時間がかかることも多いので、あらかじめその点を汲んだスケジュールを立てておきます。

また、自治体の場合は、提出書類のフォーマットや項目などにも細心の注意を払う方が多いようです。こうした相手の要求にその都度きちんと対応することが、信頼されるいい関係を築く第一歩になります。ＴＦＴの申込書や連絡用のフォームなどはいろいろな方からのヒアリングや改善要望を盛り込んで、何度も修正を重ねた自信作です。バージョンアップを重ねた結果、今では書類記入に際して問い合わせを受けることはほとんどなくなりました。一見、小さなことに見えますが、こうしたところにまで気を配ることが、相手の信頼を勝ち取り、最終的に「よし、やろう」と言わせるための大きな分岐点になるのです。

最近では、ＴＦＴの食堂プログラム導入先は大学を中心とした学校にも広がっています。学校の先生方に対しては、寄付金の使い道やインパクトなどの話よりも、僕たちの情熱やひたむきさが大切になります。学校の現場には、「世界から貧困をなくそう」「飢餓で苦しむ子どもたちに給食を提供しよう」というストレートなメッセージにきちんと耳を傾けてくれる方が多いので、そうした活動に真摯に取り組んでいる僕たちの姿を見てもらうことで、共感を持って導入してくださることが多いのです。

社会事業をやっていく上では、国会や地方議会の議員の方々とよい関係を保つことも重要です。お互いに程よい距離感を保つことは重要ですが、全国レベルでの活動告知や大がかりな連携、官公庁や自治体でのＴＦＴ導入などの面においては、議員の方々との情報交換や協力依頼は欠かせないものです。こうした方々との信頼関係を築くためには、相手の価値観を知ることが必要になります。

僕がこれまで学んだのは、政治の世界にいる方は「人のために汗をかく」ことを大切にする、ということです。

ＴＦＴでイベントを実施したときのことです。

国会議員の方々にも参加していただけないかと思い、かねてＴＦＴを熱心に応援してくださっていた議員の方を訪ねました。その議員の方から、「議員に参加してほしいのであれば議員会館のすべての部屋を回って、一人ひとりに案内状を手渡しするといいよ」とアドバイスされたのです。「わざわざ足を運んだ」というところを意気に感じて、何人かは会場に足を運んでくれるだろう、というわけです。

「えー、面倒くさいな。メールかファクスで送っちゃダメなの？」、一瞬そう思ったのですが、「それぞれの場に適した対応があるのだろう」と思い直してアドバイスに従い、議員会館を上から下まで駆け回って頭を下げました。

このように議員の方々は「直接顔を合わせる」ことを重視し、小さなことでも、「ちょっと来て説明してよ」と言われます。これもメールや電話で済まそうとしてはダメなのです。こうした要望にきちんと応え続けていくと、「じゃあ、あいつのためにやってやろう」と協力してくれる、そうやって貴重な応援を受けたことが何度もありました。

ビジネスパートナーの考え方

どんなに高い志を持ち、献身的に努力をしたとしても、個人や一つの団体ができることには限界があります。目的が「いいことをしたい」という気持ちを満たすためのボランティア活動であるならばそれでもいいかもしれませんが、事業・ビジネスとして行うのであれば、最適な相手と組んで結果を出すことを目的に活動するのは当然です。

ＴＦＴは、「地球上の飢餓と飽食という食の不均衡と、それによって生じるさまざまな社会課題を解決する」という目的を掲げています。しかし、大切なのは目的を唱えているだけではなく、それに基づいて実際に行動し、社会を変革していくことです。

できる限り早く変化を起こすために、ＴＦＴ創設時から、事業を自分たちだけで完結しようという気はありませんでした。不得意な分野までカバーしようとして失敗したり、時間を浪費したりするくらいなら、その分野の先達や専門家の手を借りる方がいい。その方が僕たちの理念を早く確実に現実化できるはずだと考えたのです。

ＴＦＴの食堂プログラムを導入してくれる企業や団体はもちろん提携先になりますし、この他にも、新規事業やプロジェクトの設計や運営面でも多くの企業・団体と提携をしながらやっています。

たとえば、事業をはじめた当初から、開発途上国の学校給食をつくる段階については、「ミレニアム・プロミス」と「国連開発計画（ＵＮＤＰ）」という他団体と提携して展開しています。自前のスタッフが現地で給食を配ったり、独自に食堂をつくったりするには、現状では財政的にも人的にも資源が足りませんし、時間もないからです。

今、提携している団体には、支援するアフリカの小さな村の学校で給食をつくる施設と、調理を担当する村人とのネットワークがあります。それなら、そうしたところと提携するのが一番効率的だと判断しています。また、そうすることで、自分たちが一番必要とされ、得意とするエリアに資源を注力でき、集まる寄付金を効果的に活用することができるはずなのです。

コンビニとの提携をはじめる

さらに、最近ではより幅広い提携もはじまりました。

ＴＦＴの食堂プログラムは、提携先となる相手の企業や団体が社員食堂を持っていることが前提となります。社員食堂がない企業や個人の方の場合、活動の趣旨に賛同してくれたとしても参加してもらえる場がないのです。このことは、活動をはじめた当初から大きな課題だと思っていました。

その解決策の一つとしてはじめた新規プロジェクトが、コンビニエンスストアのスリーエフと、有名シェフでＴＦＴのアドバイザーでもある三國清三氏とのコラボレーションです。

これは、三國氏監修によるヘルシーメニューをスリーエフの商品企画の方たちと一緒に開発し、ＴＦＴの商品として店舗で販売する、というものです。コンビニ利用者から人気の高いお弁当、パスタ、ドリア、サラダ、デザートという五つの商品を開発しました。もちろん、これらの商品の売上の一部はアフリカの学校給食費になります。さらに、二〇〇

図6

コンビニ商品で活動を広げる

九年の横浜開港百五十周年に合わせた期間限定メニューにして話題性を喚起することも狙っています。

コンビニという一般の方の多くが利用するところで、商品を介してTFTの活動に参加できるようになると、これまでの社員食堂に限定した活動から、さらに一歩、大きな広がりが出るはずです。これまでの一〇倍、一〇〇倍の規模で活動が広がるはず、とワクワクしています。

People［組織・人事］
——適切な評価と報酬、そして採用の考え方

組織づくりをどう考えるか

どんな団体でもそうでしょうが、組織をどうつくり、人をどう育てるか、ということは大きな問題です。

ＴＦＴの場合、組織は正会員・理事会・事務局で構成されており、このうち僕が事務局長を務める事務局が実務の部分を担当しています。理事会のメンバーは営業、組織運営、新規事業開発などのあらゆる面で協力してくれますが、日々の運営は事務局の専従メンバーで対応しなければなりません。

現在、事務局の専従スタッフは僕を含めて二名だけなので、あらゆる仕事を兼務している状態です。少ないスタッフでギリギリのところでやっているので、スピーディで効率的な運営をしていく必要があります。

初期のころは、営業に行ったあとは必ずもう一人のメンバーと反省会をして、その日の訪問でよかったところ、悪かったところを振り返るようにしてきました。これまでにお話しした、部門や業種別の営業方法もこうした反省会を経てまとまってきたものです。

また、意欲ある学生にはインターン生として定期的に来てもらい、業務を担ってもらっています。学生には学校の勉強もあるので、入れ替わり立ち替わり何人ものインターン生に来てもらっていた時期もありました。そうした人たちが滞りなく仕事ができるよう運営業務の詳細をマニュアルにしておき、誰もがすぐに仕事に取り掛かれるようにしています。

こうしてどんどん仕事を任せていると、学生であっても驚くほどの仕事をこなしてくれます。入って数ヵ月のインターン生がテレビの取材に応対し、ＴＦＴの取り組みについて堂々と語ってくれたこともありました。

現状は、こうしてなんとか業務を回している状態ですが、将来を考えたときには、事業の拡大に応じて専従スタッフを増やし、機能別の組織にしていきたいと思っています。具体的には管理部門と事業部門に分け、前者は総務、経理、人事、ＩＴ、後者は食堂事業の拡大と管理、新規事業開発、広報などに分けるようなイメージを描いています。

細かく部門を分けたいと思うのは、スタッフに専門性を十分発揮してほしいと思っているからです。高い専門スキルを持ったスタッフがそれぞれの持ち場でその能力をいかんなく発揮する、というのが僕の描く理想の組織です。

実際にアメリカの大手ＮＰＯでは、マーケティング、ファイナンス、営業、広報、事業開発など、各分野の専門家が集団となって事業を展開しているのです。

大きな問題、報酬について

NPO法人で働いているというと、「素晴らしいですね」という言葉のあとに、「ところで本業では何をされているのですか?」と聞かれることがあります。「NPOの活動はボランティアだからスタッフは無給で働いている」と思われているのです。学生からも「社会事業分野で就職したいのですが、実際のところ食べていけるんでしょうか?」という質問をよく受けます。

NPOなど社会事業団体の仕事は、社会問題の解決のために集めた寄付金や会費をできる限り有効活用することです。でも、だからといって労働に応じた報酬まで放棄しているわけではありません。

もし、スタッフに報酬を支払わない、あるいは支払えないNPOがあるとすれば、それは社会事業をビジネスとして行っていることにはならないはずです。海外の例を見ても、一定の評価を得ているNPOではスタッフにきちんと報酬を支払い、役員クラスともなれば、一般企業と同等もしくはそれ以上の収入を得ている人もいます。

いくら「よいことをしている」という自負があっても、労働に見合った報酬がなければ、仕事に本当の意味でのプライドを持てず、責任を持って最後まで仕事をまっとうしよう、という気持ちにはなれないのではないでしょうか。また、正当な報酬が得られなければ、社会事業に優秀な人材を惹きつけることもできません。

一般企業に比べ、事業資産や資金がまだまだ乏しいNPOにとって、一番の資産は「人」です。人的資源の充実していない組織が大きな成果を上げることなどできません。だからこそ、僕は自分を含めたスタッフに正当な報酬を支払い、この事業はビジネスとして成り立つ、ということを示したいと強く思うのです。

お寺のお坊さんを見てください。意地悪な見方をすれば、彼らは新しいモノやサービスを生み出しているわけではなく、主な収入源はお布施＝寄付です。けれども宗教家という仕事に意義を感じない、という人は少ないでしょうし、「お坊さんは貧乏で当然だ。給料なんてなくていい」とも思わないでしょう。

NPOだって同じです。いい仕事をして、なおかつ経営能力があって、財政的にも成り立っている団体であれば、一般企業と遜色ない給料をスタッフに支払っていたところでまったく問題はないはずです。

そして、正当な報酬を払うためには、正当な評価システムが不可欠です。TFTはまだ評価システムをきちんと整える段階には至っていませんが、組織が大きくなれば必要となるのは間違いないので現在研究中、というところです。

ちょっと難しいな、と思っているのは評価のはかり方です。

一般の企業でも、売上や利益目標に対する達成度をはかる定量評価とそれ以外の部分をはかる定性評価のバランスに頭を悩ませていることでしょう。加えて、社会事業の場合は、目標自体が「社会のため」といった雲をつかむような定量化しにくいものなので、これを数値化して評価するのはとても難しいのです。でも、この活動をきちんとしたビジネスとして続けるのであれば、ここはきちんと考えていかなければならない部分だと思っています。

社会事業で活躍したいという人たちが、NPOでは食べていけない、NPOでは快適に仕事ができないと言って、仕方なく一般企業に就職している。そういう現実をなんとかしたい。一般企業も社会事業も、就職先の選択肢としては等価でなければおかしいのです。

そうなるためにはNPOも利益を上げることをもっともっと真剣に考えるべきだし、働く側も働きと利益に応じた報酬を、胸を張って受け取ればいいのです。

とはいえ、お金を稼ぐこと自体にやりがいを感じる、という人はやっぱり一般の企業に行った方がいいでしょう。社会事業にはそこでなければ得られない満足感や自己実現の形があります。そういうものを大事にしたい人が収入の心配をせずにこの世界に入ってこられる、それが健全な姿なのだと思います。

どんな人が社会事業に向いているのか?

どのような人が社会起業家や社会事業で働くことに向いているのでしょうか?

社会問題に関心があり、なおかつ問題をそのままにしておきたくはない、自分の手で少しでもいい方向に変革してみせる、という気概を持っている人であることは大前提です。

「会社勤めよりラクそうだから」「NPOで働いているのは優しい人だろう」「毎日を楽しく送れるに違いない」という気持ちからTFTに入ってきたら、目の回るような大量の業務と厳しく成果を追求する姿勢に驚かれると思います。

「TFTに転職したい」と言って大企業にお勤めの方がいらしたこともありました。でも、その人の最初の言葉は、「何をすればいいのですか?」だったのです。TFTに限らず、社会事業というのは発展途上の部分だらけです。「こうすればうまくいく」というマニュアルがあるわけではありません。自分で問題を発見し、解決方法を考えていかねばなりません。「指示がないと動けない」という人は、残念ながら社会事業にはあまり向いていないと思います。

僕が一緒に働く仲間に欲しいと思う資質は「豊かな感受性」です。TFTのプログラムのように、目に見えず、さらに特徴が多いがゆえにそのよさを伝えることが難しいものを売るのですから、相手と話をしながら「この人はどこに興味を持ってくれたのか」「どの部分に不安を感じているのか」といったことを素早く感知し、話を組み立てたり、資料を用意したりする能力が必要です。それには、相手の気持ちを汲み取る感受性が欠かせないのです。また、社会事業に従事する人として、社会で起きていることに敏感になり、かつ自分のフィルターを通して、課題を自分なりに抽出し、設定できることも大切です。

そういった社会や自分を取り巻く環境に対して鋭い感受性がある人なら、仕事としての社会事業を楽しめるはずだと思います。

採用の理想と現実、そして「これから」

今は小さな組織のＴＦＴですが、今後は高い専門性を持った仲間にぜひ加わってほしい。マーケティングや財務などの専門家が活躍するための土壌がたくさんあると思います。その一方で、ビジネス経験のない学生の方が「ＴＦＴに就職したい」と言ってくれることもあります。正直、こうした新卒の学生を積極的に採用していくかどうかについては、僕自身迷っている部分があります。

今の学生は、僕の世代が持っていた「なんとなく就職するか」といった意識はなく、真剣に自分の適性や能力を見極め、成長できる就職先を慎重に選ぼうとしているように思えます。また、自分たちの両親世代がリストラで苦い経験をしたり、先輩が仕事に満足していない姿を見たりしているためか、「自分の市場価値を上げなければ」と、成長への焦りさえにじませる人が多い。

大企業の倒産、バブルの崩壊、ベンチャー経営者の失墜などの社会情勢を目の当たりにして、「信じられるのは自分だけ」という気持ちもあるのでしょう。学生時代から将来やりたいことを考え抜き、インターンやアルバイトなどを経験して自分を磨いている彼ら、彼女らは、とてもしっかりしていて能力も高い人が多いと思います。そして、そういった優秀な学生の中に、社会事業に従事することを希望する人たちが増えていることも感じます。

こうした状況の中で、ＴＦＴでも求める人物像、期待する能力・スキルを明確にして、優秀な人材を採用していきたいと考えています。僕自身の経験からも、最初の就職先はその後の価値観や仕事に対する美学・哲学を大きく左右する大切な場だと思います。また、インターンの学生たちと一緒に仕事をする中で、この年齢の人はスポンジのように何でも吸収していく、ということも実感しているところです。ＴＦＴのすべてを吸収して、将来組織を背負って立つようなリーダー人材をぜひとも採用し、育成したいと願っています。

こうした姿が理想ではあるのですが、一方で現実を見ると、新卒採用に関してのボトルネックがいくつかあることも事実です。

まずは財務基盤と収入の安定性です。

これはＴＦＴに限らず、創業期にあるベンチャー組織すべてに言えることでしょう。そしてＴＦＴのようなＮＰＯの場合は、一般の営利ベンチャーにはある「ベンチャー・キャピタルによる融資」や「株式上場」という資金調達手段がないので、創業期の財務基盤は一層不安定です。財務基盤が不安定ということは、収入についても先が見えないリスクがあるということです。現状では、事業をできる限り早く成長させ、事業収入を増やし、財務基盤を安定させることで解消するしかない問題です。

二つめは、人材育成の体制です。これもベンチャー組織全般に言えることでしょうが、ギリギリの人数で運営をしているので、入社後の教育、特に社会人としての基礎教育にかけられる人と時間が不足していることは否めません。

大きな組織であれば、入社後には新人研修などが手厚く整備され、名刺の渡し方からビジネス文書の書き方まで、逐一丁寧に教えてくれることでしょう。対して小さな組織の場合は全員が実行部隊なので、実務の指導はできてもこうした基礎的なことまでは手が回らないのが実情です。新卒採用者自身のアルバイトやインターン時代の経験に頼らざるを得ないのです。

三つめは、精神的なケアの面です。大きな組織であれば、新入社員が壁にぶつかったときには先輩や上司、同期など相談に乗ってくれる仲間がまわりに大勢いることでしょう。僕自身も最初の職場でスランプに陥り、長く暗いトンネルを迷走した経験があります。そこから救い出してくれたのは、先輩や同期といった仲間のアドバイスでした。僕たちのようなベンチャー組織では、そうしたケアを十分にしてあげることができません。誰もが経験するであろうそうした時期のケアをどうするか、というのは大きな課題です。

そして最後はキャリアパスについてです。新卒でNPOに入り、その後キャリアを積んで一般の企業に移る、といったキャリアパスは、日本では残念ながらあまり例がありません。企業側にもNPOでの職務経験を評価する基準はないでしょう。一般の企業とNPOを柔軟に渡り歩いてキャリアを高める、そうしたアメリカのような状況にはまだまだほど遠いのが現状です。

こうしたいくつものボトルネックがあることは事実ですが、やはり、僕は「同志よ、来たれ」と言いたい。

TFTの事業でできることは無限に広がっていると感じますし、優秀な仲間さえいればそれらは必ずや実現できると確信しています。想像力があり、柔軟性があり、かつ情熱とエネルギーに満ちあふれた若い人材と一緒に世界的な事業をつくっていきたい、強くそう思うのです。

社会事業には、まだまだ手つかずの事業領域がたくさんあります。今からここに飛び込めば、ビル・ゲイツ、スティーブ・ジョブズ、そして本田宗一郎のような世界的な経営者になることができるのです。そして、僕はそうした存在になりたいと思うし、できることであれば日本から、もっともっとそうした経営者が育ってほしい。そして、そうした人が育つ環境づくりに、少しでも貢献できればと思っています。

Promotion［宣伝・広報］
——オンリーワンの存在として認知してもらうには

社会貢献のブランド価値は向上中！

企業や商品の価値を高めてマス・セールスに結び付ける、というのがこれまでの一般企業のブランディングでした。商品・サービスの供給者側によって戦略的に行われるこの手法が社会事業にも有効かと言われれば、ちょっと懐疑的な部分があります。というより、これからはあらゆる世界において、「つくられたブランド」の権威が失墜していく、そんな気がしているのです。

僕たちの世代をはじめ、今の多くの日本人は、生まれたときから物質的な欠乏というものを知らず、まわりにモノがあふれていることに慣れ切ってしまっています。そんな中、モノを売る側は自社の商品・サービスのブランド価値を高め、他社と差別化することに躍起になってきました。売り手側の商業的で一方的な思いが色濃く反映され、買い手側の思いがないがしろにされた結果、僕たちが本当に価値を感じられるブランドが少なくなっているように思うのです。

一方で、「社会に対してよいことをする」ということへの価値は確実に高まっています。これは環境や貧困問題の取り上げられ方からも感じます。その兆候は、「ロハス」や「スローフード」という言葉が浸透したころから見られましたが、そのころはまだ、成熟市場における新たな消費のキーワード、という側面もありました。

ところが、僕が社会起業家であるという点を割り引いても、ここ数年の地球や社会に対する関心の高まりには、ある種の必然性を感じます。もっと言うなら、これが大きなムー

図7

「壁」を超えるということ

組織・会社・国などの「壁」を超えて
人とつながり、世界とつながる

ブメントにつながる気がしてならないのです。このテーマに関心を持つ人も、若者層だけではなく、社会変化に敏感な広範囲の層に広がっていることを感じます。

自分だけが満たされても、自分の働く会社だけが儲かっても、それは結局本当の幸せにはつながらない。組織、会社、国など、これまで多くの人を守り、かつ外界から遮断してきた「壁」は次第にその意義を失いつつあります。この壁を乗り越え、想いを同じくする人たちとつながる方法を、多くの人が模索しはじめているのです。

こうした状況の中、社会とのつながりを強く感じられる社会事業のブランド価値というのは、これから黙っていても確実に上がっていく。僕は期待を込めてそう予言します。

しかし、だからといって「社会事業に携わる人は、自分たちのブランディングに無関心でいてもいい」というわけではありません。日本では、社会貢献というと、奉仕団体や一部の人たちによるボランティア活動と理解されている場合が多くあります。社会問題に関心があっても関わり方がわからなかったり、自分とは関係ないと思ったりする人がとても多いのは残念なことです。

だからこそ、ＴＦＴのように、肩に力を入れず気軽にできる社会貢献活動の存在を積極的に伝えていきたいと思っています。また、そういう活動に参加することは、高級ブランドのバッグを持つのと同じように、あるいはそれ以上に、自分の価値を高めてくれる。そうした合意が社会に形成されれば、さらに参加者は増えることでしょう。そしてその流れは確実にできつつあります。

「この社会をもっとよくしたい」

そうした気持ちを持った人がその想いを形にできる。世の中にはそういうしくみがもっと必要です。そのしくみをつくるのが、まさに社会起業家というわけです。そして、同時にしくみの存在を知らしめ、それに価値を付加し、賛同者と参加者を広く募るということも、社会事業の仕事の一部なのです。

TFTの戦略的なブランドづくり

TFTは、かなり戦略的にブランディングに取り組んでいるNPOであると自負しています。TFTのブランドイメージを固めるのに最重要視しているのが次ページのロゴです。

ベースになっているのはアルファベットのT。これはテーブル（Table）の頭文字です。そして、そのTが真ん中で二色に分かれているのは、一つのテーブルを先進国と開発途上国が「分かち合っている」というイメージを表すためです。メインカラーは温かみのある赤で、これは「愛情」を意味しています。

ロゴはTFTの象徴ですから、これが浸透すれば、それがそのままTFTの認知につながると考え、資料や配布物などには必ず目立つところにロゴを配置するようにしています。

図8

ロゴ

TABLE FOR TWO

ＴＦＴの導入企業が、社内告知や食堂内の掲示のためにロゴを使うこと自体は大歓迎ですが、その場合、デザインを加工したり、色を変更したりすることは基本的にお断りしています。

ある企業でＴＦＴを導入していただいたときのことです。

社内告知用にチラシをつくってくれたのはありがたかったのですが、スペースの都合上なのか、ＴＦＴのロゴがかなり引き伸ばされ、色も変更して掲載されていたのです。善意でやってもらったことなのでとても心苦しくはあったのですが、このときもロゴ使用の規定を守るようにお願いしました。

このことをきっかけに、僕たちはポス

ター」や食堂に置く卓上POPをセットにした「スタータキット」をつくり、導入企業に購入をお願いするようにしたのです。

ロゴの次にはTFTの活動を一言で表すフレーズをつくり、ロゴと一緒に表示していくことを考えています。今は「TABLE FOR TWOは、開発途上国の飢餓と先進国の肥満や生活習慣病の解消に同時に取り組む、日本発の社会貢献運動です」というフレーズを使っていますが、ちょっと長くてわかりにくいので、すぐにわかるキャッチフレーズのようなものが欲しいな、と思っているところです。

メディア・個人とどう連携していくか

ブランドイメージ定着のためには、さまざまな手段を駆使して露出の機会を増やすことも重要です。しかし、もちろんTFTにはテレビや新聞の枠を買って広告を出すような資金的余裕はありません。

TFTでは、リリースなどを配布して番組や記事で取り上げてもらう、いわゆるPR活動を重視しています。メディアから取材の申し込みや番組への出演依頼があれば、どんなに忙しくても基本的にはすべてお受けするようにしています。視聴率が一〇％の全国ネットのニュース番組に映像が流れれば千三百万人の人が見てくれるのですから、その影響力ははかり知れません。

実際に、メディアで紹介されることのメリットはとても大きいものがありました。僕が紹介された新聞を見た企業の方から「ＴＦＴを導入したい」という連絡が入ったり、個人の方から「寄付をしたい」というお申し出をいただいたり、という効果が出ています。

一緒にメニューを開発する社員食堂の料理長が僕の出たラジオを聞いていたことからスムーズに話が運んだり、労働組合の方が「小暮さんの出ているテレビを見て、導入したいと思っていたんですよ」と言ってくださって一気に導入が進んだりなど、予想外のところでもメディアの効果を感じることもしばしばです。

記者や編集者の方の関心を惹くためには、思わず相手が取り上げたくなるようなリリースを打ち、イベントを企画することも大切です。

ＴＦＴには、「飢餓とメタボを同時に解決」「二十円でできる社会貢献」「日本発の社会事業」など、目を引く切り口がいくつかあるので、メディアにあわせてそういうフックをあらかじめ用意しておくと、取り上げてもらえるチャンスが広がります。

伝えたいことがあるときは、こちら側から積極的にアプローチすることも大事。TFTでは、定期的に日々の活動をニュースレターにまとめ、それをメディアに送っています。

また、PR活動の手段はメディア媒体だけに留まりません。

大規模なイベントを通じて大勢の人たちに対して一気にPRを行うこともしています。アフリカの小学校で子どもたちが食べている給食を提供し、現地の様子をビデオ映像で見せることで、僕たちの活動を全身で理解してもらう、というイベントを開催したこともありました。こうしたイベントを含めたプロモーション活動はすべて自前でやっているので、イベント開催までの数週間は、集客、出欠確認、会場準備、式次第決定など、慣れない作業にてんてこまいになりました。イベント関連の仕事をしている有志者や学生が集まり、無償で手伝ってくれたことでなんとか乗り切ることができました。こうした人たちの善意に支えられ、数百人の参加者に対してTFTのPRをすることができたのです。

マスメディアの力は大きいですが、それとあわせて個人の発信力にも大きなものがあります。政治家やアーティストの中には、TFT活動の伝道者（エバンジェリスト）の役目を果たしてくださる人が出てきていますし、ビジネスパーソンや学生、主婦の方たちの中にも、ブログで紹介することなどで応援してくださる方がたくさんいます。

この「個人の発信力」ともうまく連携したいと思い、二〇〇八年の年末には、ブログに食糧問題についてのコメントを二回書くとアフリカに給食を一食届けられる、という「TASTY　BLOG　キャンペーン」を実施しました。口コミマーケティングの会社と組み、個人ブロガーの方が記事を書くと、そのサイトを運営している企業がTFTに寄付をする、というしくみです。これも予想以上の反響があり、一ヵ月の実施期間中に四千五百食分余りの給食費が集まりました。

TFTブランドの将来

TFTは「食」を現在の事業領域の中心に置いています。将来的には活動する分野は広がるかもしれませんが、その場合もやはり「フォー・ツー」つまり「分かち合う」という言葉がキーワードになる、と思っています。

これまで、「他人より多くを手に入れたい」という自己中心的な欲望は、社会を発達させる促進剤として奨励されてきました。しかし、資源や食糧などは世界全体で配分を考えねばどうにもならない状況にきています。過剰な欲望の対極にある「足るを知る」ということ、そして「分かち合い」という考え方が主流になれば、この社会は誰にとっても、もっと暮らしやすくなるはずです。


「いろいろなものを分かち合って、みんなで幸せになろう」

そのブランドの名前を耳にする、あるいはロゴを目にすると、誰もがそういう精神を思い出す。そして、そこには常に「健康と社会貢献」といったような、二つのことを一度に解決してしまう合理性とユニークさが感じられる。

僕はＴＦＴを、そういうブランドに育てていきたいと思っているのです。

「プロダクト・レッド」というすごいブランド

僕が社会事業のブランディングで注目しているのが、「プロダクト・レッド」というプロジェクトです。

これは、ロックバンドU2のリードボーカルとして有名なボノと、国際的なNPOであるDATAのボビー・シュライバーが発起人となり、二〇〇六年一月の世界経済フォーラムで発表されたプロジェクトです。

このしくみはいたってシンプル。参加する企業が「(PRODUCT) RED」という共通ブランドを冠した商品を開発・販売し、その販売収益の一部が世界基金に寄付され、世界のHIV・結核・マラリア対策に使われる、というものです。

それらの商品・サービスはすべてプロジェクトの名称でもある「RED=赤」がキーカラーとして使われています。

現在、参加企業には、アメリカン・エキスプレス、コンバース、GAP、ジョルジオ・アルマーニ、モトローラ、アップル、ホールマーク、デル、マイクロソフトといった、超有名グローバル企業が名を連ねています。

このプロダクト・レッドが優れているのは、従来の単なる寄付と違って、企業が自分の商品力や販売力をいかし、企業自身も利益を得ることができる「ビジネス」として展開されているために、活動に継続性があるという点です。

たとえば、アメックスは「アメックス・レッド・カード」というサービスをつくり、このカードを選んだ人は会費が優遇され、カード使用金額の一％が自動的に寄付されるしくみにしています（日本では未導入）。アップルは「ｉＰｏｄ　ｎａｎｏ」のラインアップに「ＲＥＤ」を加え、この「ＲＥＤ」を消費者が購入すると、販売価格のうち十ドルが寄付されるようにしています。

アメックスもｉＰｏｄも既に多くのファンを持つブランドですし、どちらの商品・サービスも希少性も手伝ってとてもカッコいい。並んでいたら思わず選びたくなります。そう、プロダクト・レッド・ブランドの商品は、他の商品と同等か、それ以上に魅力的なのです。二〇〇六年にボノが来日した際、当時の安倍晋三首相にプレゼントした、プロダクト・レッド・ブランドのアルマーニ製サングラスは、発売と同時に完売となるくらいのすごい人気でした。

商品自体に魅力があれば、社会問題に関心のある人でもない人でも、プロダクト・レッド・ブランドの商品が購入の選択肢に入ります。加えて社会貢献がその商品・サービスのブランド価値をさらに上げる効果を出しているのです。こういった社会的な問題解決に参加することが「カッコいい」という価値観として認められる時代になっているのです。

ＴＦＴのブランドもこうしたものにしていきたい。ＴＦＴのメニューはヘルシーという他のメニューにはない魅力があります。そこにさらに「アフリカの子どもたちを助けることができる」という価値を加え、「こっちを選ぶのは自分のためにもなるし、他人のためにもなるし、それに、カッコいいよね」、そう思ってもらいたいのです。

Profit［利益・成果］
収益を上げ続け、最適な投資をする

社会事業の収益予測は難しい

「資産やお金の流れを会計原則に則って管理する」という会計の基本は、社会事業も一般の企業も変わりません。特に内閣府の認証を受けたＮＰＯ法人の場合は、期ごとに貸借対照表や損益計算書などの財務諸表を提出することが義務付けられているので、いい加減なことをやっていると認証を取り消されてしまいます。

そして、一般企業と同様に将来の事業計画と収益予測を立てることも必要です。

ただし、僕の実感では、事業開始から数年の収益予測をすることは一般の事業よりも社会事業の方がはるかに難しい、と思います。社会事業はまだ日本での歴史が浅く、通常の新規事業であれば参考になる業界データや近似値というものがほとんどありません。さらにはこの分野に詳しい会計・財務のエキスパートもほとんどいないというのが現状だからです。

ＴＦＴがＮＰＯ法人の認証を受ける際に、向こう三年間の事業計画をつくりましたが、収益予測に関しては、正直あまり自信が持てませんでした。

たとえば、一年間でどれくらいの数の企業がＴＦＴのプログラムを採用してくれるのか、最初はまったく見当がつきませんでした。コンサルタント時代に手掛けてきた一般企業の商品マーケティングプランと違って、需要の規模がまるでわからないのです。

さらには、社員数が千人の会社がＴＦＴを導入したとして、そのうち何％の人がヘルシーメニューを選んでくれるのか、またメニューの内容によってその割合がどのように変化するのか、なども基礎となるデータがないので予想がつきません。

だから、最初は計画通りにいかなくても、その都度修正を施していくより他ない、と考えました。実際、事業を進めるうちに、「ヘルシーメニューを食べる人の割合はほぼ一〇～二〇％の間に収まる」というようなデータがだんだんと揃ってきて、翌年度からは収益予測の精度がグンと上がりました。

社会事業の場合、大きなスポンサーが付いているなどの特殊ケースを別にすれば、収入源は不特定多数の寄付に頼る事業モデルになります。組織や運動の名前を認知してもらい、活動の趣旨に賛同して寄付をしてもらえるようになるまでには、ある程度の時間がかかるのが当然です。普通は立ち上げから数年は、資金的な余裕がない状態で活動せざるを得ません。

ＴＦＴの場合は、理想的な活動を行おうと思ったら、年間数千万円の運営費が必要です。でも、今の現実としては、それをまかなうだけの収入は確保できていません。

寄付のうち運営費に回せる割合も決めていますから、必要なだけの運営費を得るためには、まだまだ提携企業の数が足りないのです。その数に達する見込みのあと三、四年の間は、いろいろな手段を使って運営費を捻出する必要があるのです。

僕たちは、できる限り経費を節約しムダをしないよう気を付けています。

コピーをとるときは必ず紙の両面を使いますし、備品は必要最低限のものでまかないます。ちなみに、今のオフィスで使用している机や椅子などは知人にお願いした手づくりのものです。移動の際には公共交通機関を利用するのが基本ですし、地方に出向くときにも予想される成果を考え、先方から交通費の支給がないときはお断りすることもあります。外部の企業に仕事を発注するときは、複数社から見積りをとって、厳しい値段交渉をさせていただいています。とはいえ、こうしたムダを省く努力は一般の企業でも同様に取り組んでいることでしょう。当然すべき経営努力の範囲内だと思います。

ムダを徹底的に排除することは大切ですが、「NPOなのだから、すべてにわたって清貧の状態が当たり前」だとは思ってはいません。たとえば、事業が成長し、十分なお金が集まるようになったら、オフィスはもっと広いところに移して、スタッフも増やしていきたいと思います。給料も一般企業と遜色なく、できればそれ以上にしたいという気持ちもあります。

TFTが提携関係を結んでいるアメリカの大手NPO「ミレニアム・プロミス」はマンハッタンの一等地にオフィスを構えています。それを「経費のムダ」と言う人はいません。

社会変革や寄付集めへの影響力がある人たちへのアクセスやＰＲのしやすさを考えると立地がよいことは大きなメリットになります。

それに、隙間風の入るようなオフィスでは優秀な人材が集まりませんし、そんな環境に甘んじている人たちの中から、世界の貧困をなくすための画期的なアイデアなど生まれてこない。そのことをみんながわかっているのです。

「お金をかけるべきところ」はどこか

そうはいっても、寄付金の使い道については、日々悩むことばかりです。

今手元にある二十円をそのままアフリカに持っていけば、確実に給食一食分になります。でも、それを事業の投資に回せば、将来的には百食、千食分になるかもしれません。最も効果的なお金の使い方は何なのか、いつも頭を悩ませています。

「はじめに」のところでも述べましたが、ＮＰＯが一般の事業と違うのは、上げた利益の使い道です。一般の事業では、資金を出した株主に還元したり、税金を通じて社会に還元したりします。それがＮＰＯでは、社会を変えるためのＮＰＯ自身の事業に還元します。

図9
営利組織と非営利組織での利益の使い道の違い

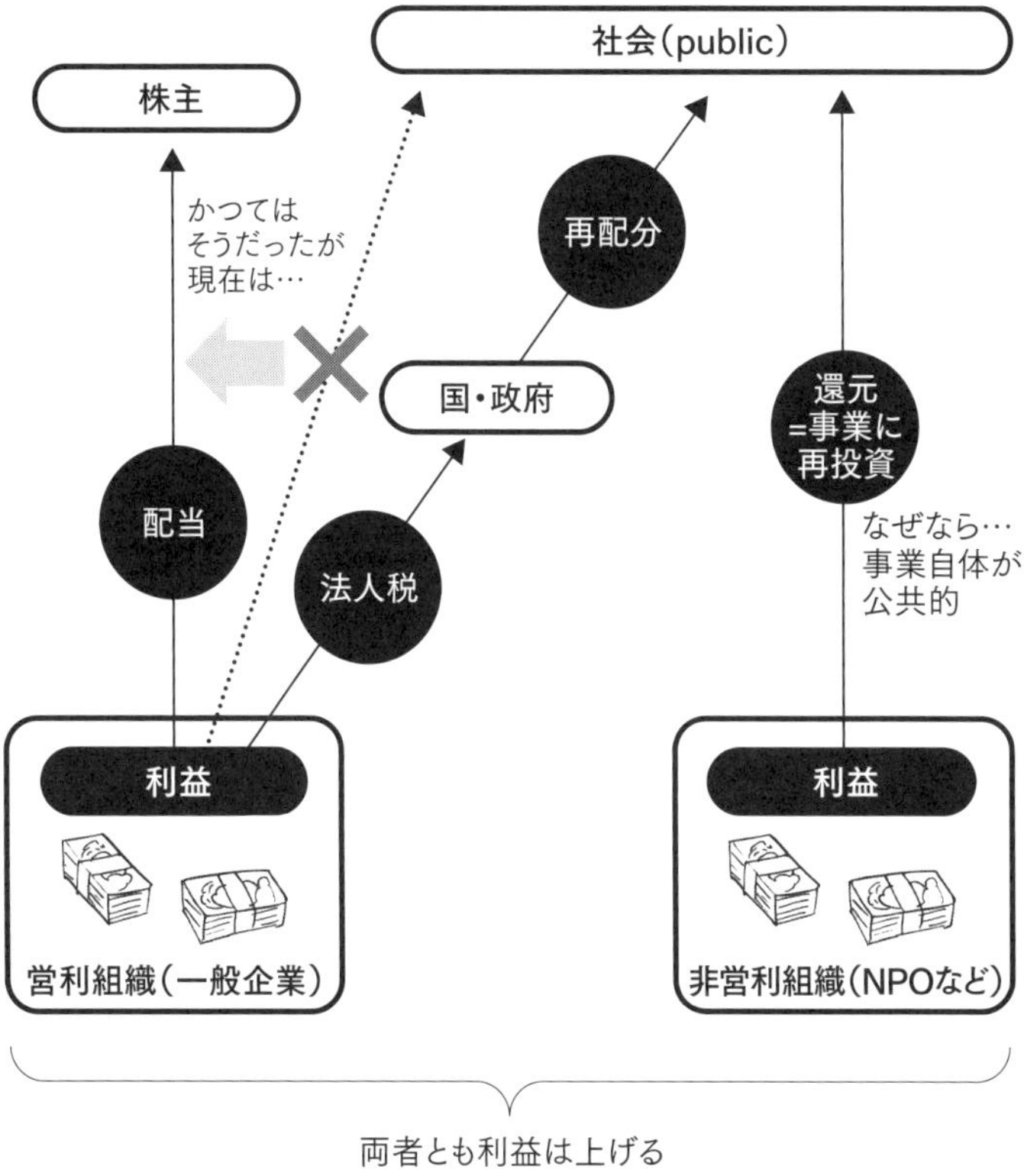

寄付によって支えられているNPOなのですから、集まったお金は一円たりともムダにできないのは当たり前です。一方で、僕たちはこれをビジネスとしてやっています。ビジネスであれば戦略に見合った投資をし、リターンを狙うのは当然のことです。

また、事業をやっていけば当然運営費もかかります。オフィスを借りれば家賃や光熱費が発生しますし、交通費がなければ営業に行くこともできません。電話をかけたり、資料をつくったりするのにもお金がかかります。そうした費用をすべて自己負担していたら、相当なお金持ちでないとNPOの活動に参加できなくなってしまいます。

NPO法に「市民が行う自由な社会貢献活動としての特定非営利活動」と明記されているように、社会貢献は誰でもが自由に参加できるものであるべきです。TFTでは、「寄付金の一部は人件費を含む運営費に充当します」ということをあらかじめ明確にして、企業や個人の方に理解してもらうよう努めています。

ムダを省くべきところとお金をかけるべきところ。

その観点からしばしば議論の対象となるのは、海外に視察に行くときの飛行機やホテルのグレードです。

僕自身は、アフリカまでの長時間フライトであっても飛行機はエコノミークラスを使っています。ただ、アメリカで社会事業に携わる友人からは「マサも早くビジネスクラスに乗れるようになれ」と言われます。僕自身はエコノミークラスでもまったく苦にはならないのですが、アメリカではこうした待遇の差は優秀な人材を惹きつける重要な要素となるのです。

日本でもTFTのようなNPOが社会で認められ、一つの業種として確立した将来は、こうした待遇の問題は個人の嗜好を超えた、人材確保に関わる組織の重要な決定事項になると感じています。小さなことに思われるかもしれませんが、「NPOに勤めているのだから、二十時間以上のフライトもエコノミークラスで辛抱しなければならない」というのが常識となったら、一般企業の優秀なビジネスパーソンはNPOに転職することに二の足を踏むでしょう。そうしたら、いつまで経っても社会事業には有能な人材が集まらない、ということになるかもしれません。

飛行機はエコノミー派の僕ですが、開発途上国で泊まるホテルに関してはある程度のランクのところを選ぶようにしています。「もう少し安いところでもいいのではないか」という意見がないわけではありませんが、現地を見た結果、ランクが低いホテルでは安全が保証されないと判断してそうしています。

治安のよくないところを移動しながらタイトなスケジュールをこなし、心身ともに疲れ切った状態になり、その上ホテルに戻っても安心して休めないというのでは、からだと心がもちません。一度や二度の遊びの旅行であれば、それもスリルがあってよいかもしれませんが、僕たちのようなビジネスの出張では、仕事に集中することを優先すべきだと考えています。一番大切なのは「スタッフがやりがいを持って、仕事に集中して、活動を継続できること」です。お金を節約しようとするあまりに、スタッフが「もう嫌だ」という状態になってしまっては本末転倒です。ある程度の快適さ、そして何よりも安全を確保するためにお金を使うことは、合理的な経営判断だと思うのです。

イベント開催は「投資」である

前にお話ししたイベントを開催するときにも、お金の使い方についてこんな議論がありました。

そのイベントは、日本から地理的に遠く離れたアフリカの食糧事情を知ってもらうこと、そしてＴＦＴの活動内容を理解してもらうことを目的としていました。

会場には都心のイベントスペースを借り、参加者から会費を集める形で開催しました。このとき、周囲から「参加費の一部が会場費や飲食費に使われるのはいかがなものか」という批判が出てきたのです。

しかし、僕はこのイベントを「投資」だと考えていました。

交通の便がよい洗練されたスペースで、アフリカ音楽の演奏を聞いたり、アフリカの子どもたちに届けている給食を食べたり、他にはない魅力的な特徴があるからこそ、多くの人がお金を払ってでも参加したいという気になってくれる。そうして人を集め、TFTの活動を深く知ってもらい、賛同者になってもらうことに成功すれば、このパーティーへの投資は将来的に一〇〇倍・一〇〇〇倍になって返ってくるはずだ、と。

一般の事業であれば、新商品や新サービスを市場に出すときには、お金をかけて発表会やコンベンションをすることでしょう。そのことに疑問を持つ人はいないはずです。僕たちのやっているイベントなどもそれと同じ位置付けなのです。

ビジネスとして社会事業をやっているのですから、集まった寄付をただ支援先に送っているだけでは、僕たちの存在する意味がありません。「手元のお金を一番効果的に使う方法を考え尽くす」、それがビジネスをする、ということだと思います。

お金の使い道について、「これが正しい」という絶対的な答えは見つかりませんが、こうした「事業戦略とマッチし、将来のリターンが見込めるものに〝投資〟をする」という考えは、いつも持っていていたいと思います。

日本の税制の問題点

NPOは収入面の大部分を寄付に頼るところがほとんどです。そして、多くの日本のNPOが資金難に苦しむ理由の一つに、NPOをめぐる寄付税制の問題があります。

現在の法律では、個人や企業が一般のNPOに寄付をしても、税控除の対象にはなりません。ただし、寄付する先が国税庁長官の認定を受けた「認定NPO法人」である場合には、税制優遇措置が認められます。

同じような事業を営むNPO法人が二つあり、片方は寄付金が課税対象になるのに対し、もう片方は税控除の対象となるとしましょう。きっとほとんどの人は税控除の対象となる方に寄付するはずです。つまり、認定NPO法人は、寄付金を集める上では圧倒的に有利なのです。

そして、この認定NPO法人になるためには、いくつかの条件をクリアしなければなりません。大きな条件の一つは「設立より一年を超える期間が経過し、少なくとも二つの事業年度を終えていなければならない」というものです。

でも、よく考えてみると、「事業開始から二事業年度」というのは、財政的に一番苦しいときです。将来を見据えて事業を育てつつ組織をつくり、安定した経営基盤を固めることを同時に行わなければならず、その活動のためにはまとまった資金が必要になります。それなのに、その時期には認定NPO法人になれず寄付金が集めにくい、というのでは、意気に燃える新しいNPOの芽をいたずらに摘んでしまうことにもなりかねません。

外資系のNPOの場合、経営が軌道に乗るまでは本部からの援助でしのぐことができるのでまだ恵まれていると言えますが、そうしたものも望めない場合には状況は深刻です。

もちろん、税制優遇措置を受けるに値するNPOかどうかを見極めるために、ある程度の時間は必要だ、という考え方もわからないではありません。

けれども、国に日本発の社会事業を育てようという意志があるなら、それこそ代表者の人となりや事業計画を見て、もっと短期間で判断してもらいたいと思います。たとえば、

ＮＰＯ法人の格付会社のようなものをつくって、そこが審査するような形も考えられるのではないでしょうか。もしくは、個人や企業からの寄付を集め、立ち上げ期のＮＰＯを目利きして投資をする、いわゆるベンチャー・キャピタルのような存在が出てくれば、素晴らしいことだと思います。

「想い」を仕事にするいくつもの方法

これまでお話ししてきたように、僕はＴＦＴ事務局長に就任する前に、マッキンゼーと松竹という二つの一般企業で働いてきました。

マッキンゼーではコンサルタントとしての論理思考と問題解決のスキルを徹底的に叩き込まれ、松竹では日本の大企業の優れた点と課題点を内部から眺めることができました。どちらでも得難い経験をさせてもらいましたが、「ここに骨を埋めよう」という気持ちにはついになれなかったことも事実です。

世の中のためになる仕事をしたい。

特別道徳的な生き方をしてきた記憶もない――今もそうですが――ので、どうしてそういう想いがあるのかよくわからないのですが、僕は物心ついたころから、大人になったら「世のため人のため」になるような仕事をしたい、漠然とながらそう思っていました。

世のため人のためになる仕事をしたい、という想いを実現する社会事業という新しい仕事が日本でも生まれ、認められるようになってきています。地球上で起きているさまざまな矛盾や歪みに対して漠然とした不安を感じながら生きるのではなく、それらの課題解決に積極的に関わっていくことができるようになっているのです。

さまざまな社会課題を解決するのは、決して簡単なことではありません。だから、あえてそれに挑もうという人たちは貴重だし、尊敬と称賛に値するはずです。

僕はTFTの仕事を通じて、社会事業に従事する人たちへの正しい理解と、地位の向上も図っていきたいと思っています。そして、若い世代の人たちは、社会事業に取り組みたいという強い想いがあるなら、ぜひともその思いにフタをしないでほしい。

「その想いは、仕事にできる」

そのことを知ってほしいと思うのです。

ここまでに述べてきたことで「社会事業にも一般のビジネススキルがほとんどそのまま使える」ことがわかってもらえたと思います。

これは、そのまま僕の実感でもあるのです。コンサルタントとして学んできた問題解決や論理思考の技術、その後の実業の世界で学んだ人や組織を動かすための手法、こういったものは、そのまま社会事業の世界でも有効に使えました。そして、これらのビジネススキルのお陰で、ＴＦＴは短期間でこれだけ多くの支持と賛同者を得ることができたのだと思います。

社会事業はまだ歴史の浅い分野ですし、組織体制や待遇が十分整っていない団体が多いのも事実です。でも、だからこそ、ビジネススキルを世の中のために役立てたいというチャレンジ精神のある人にとっては魅力的な仕事となるはずだと思います。

もう一方で、社会起業家になることや社会事業に就職することだけが、こうした社会活動に関わる方法ではない、ということも強調しておきたいと思います。

これまで、一般のビジネススキルが重要、一般企業との提携が大切、と再三述べてきたのは、社会事業を推進するためには企業で活躍されている方のスキルを借りることが絶対に必要である、と思っているからに他なりません。

社会課題への想いを共有してくださる方であれば、今の仕事の中で、何らかの連携をしていく方法がきっとあるはずですし、現にそうした方々とご一緒する機会が着実に増えています。そして、そうした方々が企業の中で増えていくことも、社会事業の裾野が広がるための重要な要素だと思うのです。

企業の中からTFTを支える人たち

ある企業でTFTプログラムを導入するにあたり、総務担当の方と給食会社とでヘルシーメニューの試作品をつくっていたときのことです。

最初の試作品を社員十人の方に食べていただきました。しかし、戻ってきたアンケートは「とても食べられたものじゃない」「ボリュームがなさ過ぎる」など惨憺たる結果でした。これを見た総務担当の方はがっかりしつつも、アンケートの内容を給食会社の方に包み隠さず見せて、「悔しいから一緒にいいメニューをつくりましょう」と団結して頑張ってくれたのです。その方が言うには、「社員のメタボ予防だけが目的だったら、きっと給食会社を説得できなかったと思います。アフリカの子どもを助けるんだから、という大きなゴールがあったから、『それなら頑張ろう』と全員が納得してくれたんです」。

また、ある金融機関には、「企業の資金を使わず、かつ社員全員が参加できるCSR活動」を探した結果TFTにたどりついた、という担当者の方がいました。

彼は、新サービス開発部門からCSR担当に異動したばかり。新しい取り組みを設計し、実施することはお手のもので、すぐに社内の承認を得てプログラムを導入することになりました。

実施にあたっては社内のイントラネットやメールでの告知はもちろん、積極的にプレスリリースなどを打つことでメディアにも取り上げてもらいました。

TFTプログラムがスタートする初日には、トップ以下役員全員を社員食堂に連れてきて、TFTメニューを食べてもらいました。これで他の社員にも、「これはトップも支援している取り組みなんだ」と印象付けることができ、何よりの社内広報になりました。

導入後も社員食堂の壁に毎日のTFTメニューの売上額と寄付金額を掲示して社員の意識付けをする、拠点ごとの結果を比較して競争意識を高める、など独自の工夫をされていました。そんな彼の工夫によって「東京には負けられないぞ」「大阪はやっぱりケチなんじゃないか」などTFTに関する話題が食堂のテーブルで笑顔で交わされるようになりました。

また、彼は社員食堂のレジ係の女性スタッフに働きかけ、TFTメニューを注文した人だけに「ご協力ありがとうございます」というひと声をかけるようにしてくれました。この小さなお礼がやみつきになって、毎日TFTメニューを選び続けてくれる人もいるそうです。他にも四季に合わせたメニューを提案したり、健康食品の試供品をTFTメニュー購入者にプレゼントしたりなど、アイデア豊富なプロジェクト・マネジャーとしてTFTの活動に主体的に関わってくれています。

あるとき、こんなこともありました。

ある製薬会社の役員の方が、僕の講演を聞いて、TFTの理念や活動に興味を持ってくれました。しかし、その企業の本社には社員食堂がないので、TFT導入は難しいと思われました。でも、この役員の方はとても情熱的で「何かできる方法はないか」といろいろ考えてくださったのです。

そこから生まれたのが、社内にあるドリンク販売機を使う「カップ・フォー・ツー」というプログラムです。コーヒー代に二十円を上乗せして寄付にあてる、というのがその内容。「カップ」というネーミングは、コーヒー〝カップ〟とアフリカの子どもたちが朝食のお粥を食べるときに使う〝カップ〟を引っかけて付けました。

新しい試みだったので、新たに専用のロゴや宣伝資材が必要になりましたが、ここでもその役員の方が社内のマーケティング・チームを説き伏せ、素晴らしいものをつくってくださいました。

僕たちの想いを形にするにあたっては、このように一般の企業の中から応援してくれる人たちがいることはとても心強く、企業で仕事をしながらも社会事業に積極的に参加することができる、その好例になっていると思います。

「想い」を持ち続けてもらうための工夫

こんなふうに、TFTの活動は多くの方に支えられています。

TFTのウェブサイトは香港のある会社が無償でつくってくれているものですし、法務面を相談する弁護士さんもボランティアで協力してくれています。他にもイベント会場を無料で貸してくださったり、メディアの方を紹介してくださったり、いただいた厚意は枚挙にいとまがありません。

こうしたたくさんの厚意に対して少しでもお礼がしたい、と思ってやっているのが「感謝状」や「名誉会員」というものです。

ＴＦＴに特別に協力してくださった企業の方には感謝状をお送りし、ビジネススキルや専門知識を使ってプロモーション活動や新規プロジェクト推進を支援してくれた方々には「ＴＦＴサポーター」「ＴＦＴファミリー」などの呼び名を使っていただいています。ボランティアで手伝ってくれた学生さんには僕から手書きのカードを送ることもよくしています。

こんなふうに感謝の気持ちを見える形にして伝えられるよう、いろいろ工夫しています。運営費が潤沢でない中でも多くの人の気持ちに報いる方法は、どんどん考えていかねばならないところでしょう。

多くの人に長く支え続けてもらうためには、僕たちの側からの積極的な働きかけも必要です。いっときの高揚ではなく、長く関心を持ち続けてもらうためには、「ＴＦＴに参加することは楽しい」「世の中のためになる活動だ」という実感を持ってもらうことが大切です。そして、そのためには長期的な戦略に基づいた活動が必要になります。ＴＦＴがなるべく多くのメディアに取り上げてもらえるよう努力したり、「かわら版」というポスターを定期的につくって配布したりするのはこのために他なりません。
将来的にはTFTを支援してくれる大勢の人が参加できるコミュニティサイトを整備し、食糧問題の情報を集め、発信し、意見を共有できる場づくりも僕たちの手でしていきたいと思っています。

多くの人の気持ちに火を「灯し続ける」ためには、こうしたしかけを、なるべくたくさんつくっていくことが大切だと思うのです。

終章

「しくみ」と「想い」が大きなつながりをつくる

大きな課題解決のための「大きなつながり」

世界には今、地球温暖化、貧困や格差、食糧・水不足、地域紛争など、地球規模の課題が山積みになっています。悲観的にはなりたくありませんが、これら地球規模の課題の成り立ちはさまざまな要素が複雑に絡み合っているので、その解決にも相当の労力が必要になります。

これらの課題に対して、僕たち日本人はどう対応したらよいのでしょうか？

「いずれアメリカなどの諸外国がなんとかしてくれる」「国単位ではどうにもならないことだから国連に任せておこう」と傍観することもできるでしょう。でも、世界の中の一員として課題に向き合い、解決策を模索し、問題解決に参加することもできるはずです。

日本人が問題解決の当事者になるといっても、「こんな大きな課題に取り組むのは政府の仕事だ」というのが、普通の人の反応だと思います。政府が決めてＯＤＡや国際外交などの手段を駆使してなんとかすべき問題、そう考えるのが自然です。だって、僕たち一般人は、こうした大きな問題解決に取り組む意志があっても、実際に参加できる方法がないのですから。あったとしても、その場限りの寄付活動だったり、多くの時間や知識、経験を必要とするものだったりします。

でも、現状を見ると、政府がこうした問題を一手に引き受けるのは、とっくの昔に限界にきていたことがわかります。

地球的な課題の一つである「貧困」を例にとると、ここには「ミレニアム開発目標」というものがあります。

二〇〇〇年九月、ニューヨークにおいて「国連ミレニアム・サミット」が開催され、百五十人以上の国家元首・首脳が参加しました。ここで採択された宣言と九〇年代にまとめられた国際開発目標を統合し、一つの共通の枠組みとしてまとめたものが「ミレニアム開発目標」です。簡単に言えば、世界が「やりましょう」と約束し合った開発途上国支援に関する目標です。

目標は八つの項目に分かれており、うち一つは「貧困」に関するもので、そこには「二〇一五年までに飢餓に苦しむ人口の割合を半減させる」という内容があります。二〇一五年といったらもうすぐです。それなのに、飢餓に苦しむ人口は減少するどころか、むしろ増加傾向にある、と言われています。

世界の国々が約束した目標を達成するためには、問題解決の大幅なスピードアップを図らなければなりません。そして、この約束をした国々の中には、日本も入っているのです。

地球規模の課題というとなんだか遠いものに感じてしまいますが、僕たちはこの問題の影響をふだんの生活の中で受けはじめています。夏の異常なまでの暑さや、冬に雪が降らなくなったことを「地球温暖化のせいかなあ」と感じる機会は多いことでしょう。「極東の島国」である日本も、地球上の一つの国である以上、こうした課題から完全に逃れることはできません。

であれば、問題から目を背けて他者や時間に解決を委ねるよりも、ちゃんと向き合って対処した方が気持ちがラクになるのではないでしょうか?

でも、僕たちのような個人が、政府や国際機関だけに頼らず、こうした問題に取り組むためにはどうしたらいいのでしょうか?

僕たち日本人の誰もが地球規模の課題解決に参加して成果を出す方法。僕はそれが「大きなつながり」を生み出すことだと思っています。

地球規模の課題は、問題が複雑に絡み合って解決を難しくしています。解きほぐして解決するためには、政府や国際機関の知識や力の他に、これまで動員できていなかったパワー、つまりは一般の人や企業などの力を結集する必要があるのです。そして、それを実現するのが「大きなつながり」なのです。

僕の考える「大きなつながり」ができるまでの流れは次のようなものです。

「大きなつながり」を生み出すステップ

①地球規模の課題を解決したいという「想い」を発信する

⬅

②専門機能をつなげて「代表チーム」をつくる（課題解決力が圧倒的に高まる）

⬅

③「しくみ」に高め、価値を生み出す

⬅

④「しくみ」を一般の人に使ってもらい、大きくする

⬅

⑤地球規模の課題解決が進む！

専門機能をつなげて「代表チーム」をつくる

一般企業で大規模なプロジェクトを進めるとき、「クロスファンクショナルチーム（機能横断チーム）」が結成されることがあります。

これは、日産自動車の再建を託されたカルロス・ゴーンCEOが使って業績を復活させたことで一躍有名になった手法です。課題が複雑化、肥大化して、もはや一部門の力ではどうにもならなくなったとき、社内の各部門から優秀な人材を選抜して集め、得意とする機能を結集して課題解決に取り組むのです。生産、営業、マーケティング、研究開発、調達、財務、ITシステムなど、課題解決に必要な知識を持つ人を各部門から選抜して、チームをつくるわけです。

僕のイメージする「大きなつながり」づくりの第一歩は、このクロスファンクショナルチームをつくることです。ただし、クロスファンクショナルチームはあくまで一企業の組織内の活動ですが、これを組織の壁を超え、広くつなげていくのです。

図10
それぞれの「専門機能」

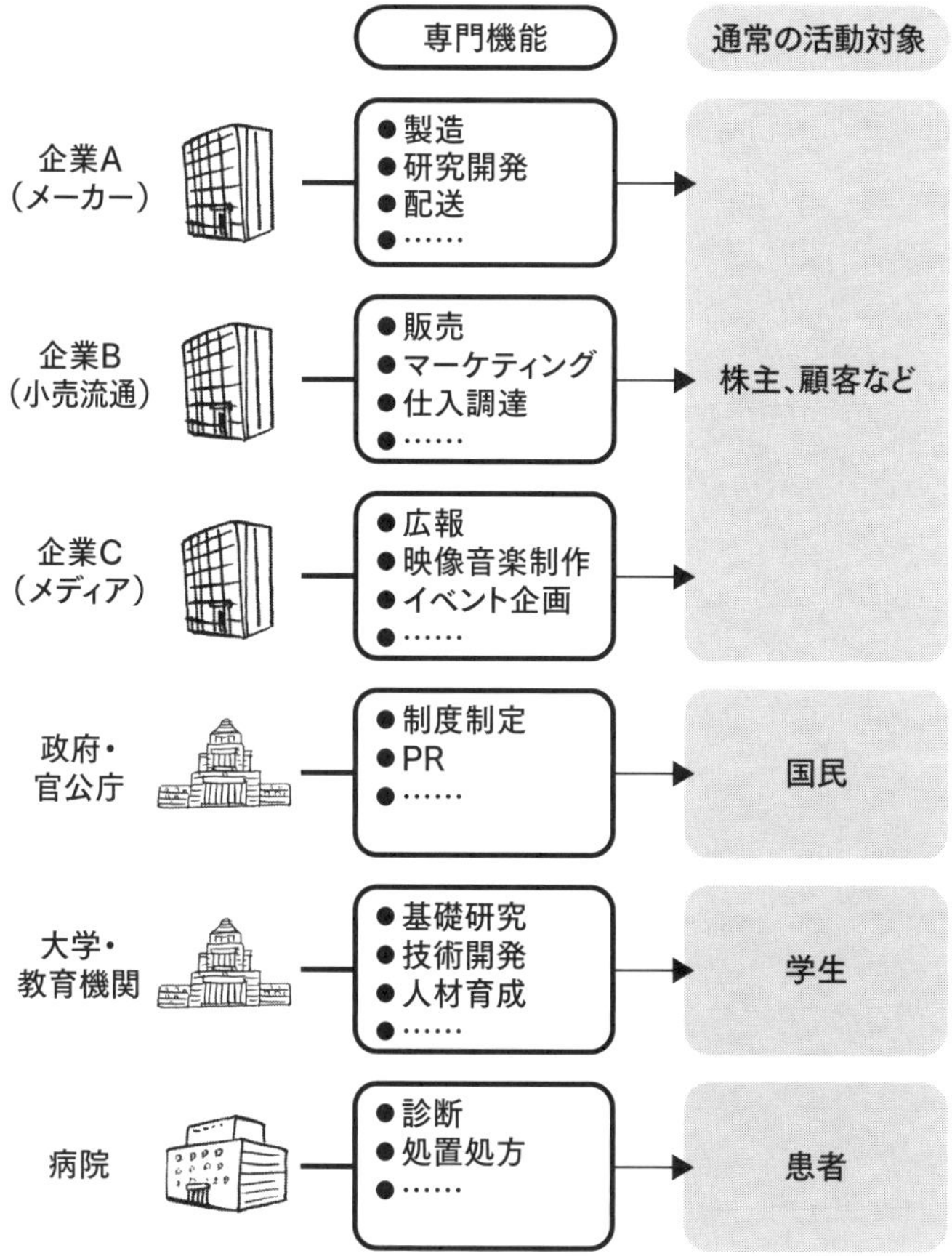

いつもはまったく違う活動をしている組織とそこに属する個人が集まり、各々が持つ専門能力、スキル、知識、経験などの強みとなる機能を結集させます。政府、一般企業、学校、自治体、財団、公益法人、医療機関、NPOなど集まる組織の種類もさまざまです。一般企業の中にも、製造業、小売流通、金融、ヘルスケア、IT、メディアなど、業種や職種は数え切れないほどあるでしょう。

ふだん、これらの組織は、株主、顧客、国民、患者など、別の対象に向けて業務を行っています。それを、このときだけは法人の種類、業界、団体といった壁を超え、地球規模の課題解決という同じ目標のために各々が得意とする機能を提供してもらうのです。

つまりは、オールスターで最強の「日本代表チーム」をつくるといったイメージです。

ここで、ことさら「日本」を強調するのは、アフリカの支援先の人々や貧困問題の専門家と話をしていると、日本への期待がとても大きいことを感じるからです。その理由は日本人や日本企業が持つ技術力にあります。

アフリカの支援先の国で走っている車の大半は日本車です。故障が少なく燃費がよいため、道路や修理環境が整っていないアフリカでは、絶対的な人気があります。

また、アフリカの三大疾病の一つであるマラリアを予防する特殊な蚊帳を開発、提供しているのは住友化学です。日本ではあまり知られていないかもしれませんが、この蚊帳のお陰で子どもたちが安心して眠れるようになり、マラリア患者が激減しました。先日訪問したマラウイで農場を視察した際には、現地の人が「ササガワ」と何度も言っているのを耳にしました。聞くと日本の財団が支援して日本で考案された農業技術の一つがマラウイのトウモロコシの生産性を劇的に高めたそうで、その技術を財団の名称である「ササガワ」をとってそう呼んでいるそうです。

このように、技術に関して日本は今も世界のトップクラスにあります。だからこそ、クロスファンクショナルな代表チームを「日本でつくる」ことに、大きな意味があると思うのです。

「想い」を使えば競合同士もつながる

専門機能を持つ組織をつなぎ「代表チーム」をつくるには、「想い」を共有することが必要です。この成功例としては、前にご紹介した「プロダクト・レッド」がわかりやすいでしょう。

プロダクト・レッドにはそうそうたる顔ぶれの企業が参加しています。コンバース、G

ＡＰ、アップル、マイクロソフトなど、金融、ハイテク、通信、飲食、ファッション、流通など業界も多岐にわたる企業が、商品開発、マーケティング、販売など、それぞれが本業とする得意分野で「プロダクト・レッド・ブランド」に関わっています。

これらの企業の顔ぶれを見ると、中には本業では競合関係にある企業も入っていることがわかります。通常のビジネスであれば、決して相容れることのない同士をつないでいるのは、「開発途上国の子どもを感染症から救おう」という想いなのです。

プロダクト・レッドの場合、この想いを発信する核となったのはＵ２のボーカル、ボノでした。彼の想いが社会的な立場やビジネスにおける役割を超え、多様なプレーヤーのつながりを生み出したのです。

ＴＦＴもこうした専門機能を持つ組織とのつながりをつくり、それをさらに広げていきたいと思っています。

ＴＦＴブランドのヘルシー商品を開発する食品飲料メーカー、それを販売するスーパーやコンビニなどの流通企業、世界の食糧事情やＴＦＴの活動を伝える広告代理店とメディア、メタボ予防の効果測定を行う医療機器メーカー、その結果に基づいて指導を行う医療機関、プログラムを制度化して拡大する行政や国会議員、アフリカの子どもや家族に栄養指導を行う栄養士、現地のニーズに沿った給食室を設計する建築家、日本で集まった寄付金を最適な方法で送金する金融機関など、ＴＦＴを核にした専門機能のつながりは無限に広げることができるでしょう。

そして、このつながりに加わる団体の数と種類が増えれば増えるほど、発揮される課題解決能力は大きくなるはずです。

「しくみ」に高め、価値を生み出す

専門機能が「想い」でつながったら、次はそれが何らかの価値を生み出し、活動を継続させるような「しくみ」に高めなければなりません。

前述のプロダクト・レッドの場合は、そのブランドや想いに価値を感じた消費者がバラエティに富んだ商品を購入します。購入された商品の収益の一部は、世界基金に寄付金として集められ、スペシャリストによってＨＩＶ、結核、マラリアなどの感染症対策に使われる、という「しくみ」ができています。

一般企業の場合、こうしたしくみはビジネスモデルと呼ばれ、そこから生み出されるものは利益です。対して、社会事業の場合、しくみから生み出される価値はお金そのものとは限りません。たとえば、「一般の人の声」を集め、それによって世界を変えようとする「アドボカシー（政策提言）・キャンペーン」というものがあります。この場合、しくみによって生み出される価値は「人々の声」そのものです。

社会事業でも利益がなければ活動を継続できない、というのは再三述べてきた通りですが、社会事業には賛助といった、「事業収益以外」の形で資金を確保する方法があります。このため、生み出される価値は利益に直結していなくてもよいのです。

専門機能が結集してつくるしくみは、「地球規模の課題解決につながる、何らかの価値」を生み出すことが目的です。ＴＦＴの場合、しくみによって生み出される価値は、開発途上国の子どもたちに給食を届けるための「寄付金＝お金」と、世界の食の不均衡を解消しようという「意識変革」の両方があるのです。

「しくみ」を一般の人に使ってもらい、大きくする

価値を生み出すしくみができたら、今度はそれを実際に動かして、一般の人を巻き込み

ながら、大きくしていきます。どんなによくできたしくみでも、利用してくれる人がいなければ意味がありません。専門家が集まって、得意分野を出し合ってつくったしくみを多くの人に知ってもらい、実際に使ってもらうのです。一般の人々の多くの力が結集して、はじめて課題を解決する圧倒的なパワーが生まれます。

アップルの製品・サービスである、ｉＰｏｄやｉＴｕｎｅｓを例にするとわかりやすいかもしれません。ｉＰｏｄやｉＴｕｎｅｓは世界中の人たちに愛用され、今では人々の生活の一部になっています。これは技術、ＩＴ、マーケティング、デザインなどの専門家が英知を結集し、開発したしくみです。しかし、いくら優れたしくみであっても、実際に多くの人が利用をしなかったら、消えてなくなってしまいます。

これはビジネスの例ですが、「使われなければ意味がない」という点では、社会事業のしくみも同じです。しくみをふだんの生活に融合させ、無理なく使ってもらうようにしなければなりません。食事、運動、ショッピング、読書など、生活の一部にしくみが組み込まれていることで、参加の間口が広がります。

ある食品メーカーでの話です。

ＣＳＲ担当者の方は、経営層から「うちも社会貢献の実績をつくりたいから何か考えてくれ」と言われました。担当者は「じゃあ、社内で寄付を集めて開発途上国の人たちに食糧支援をしよう」と考えました。

募金箱を設置し、社員に協力を呼びかけましたが、肝心の寄付は当初の予想よりもずっと少ない額しか集まりませんでした。「うちの社員は社会貢献に対する意識が低いのか」、そう思って担当者は頭を抱えたそうです。

でも、そうではないのです。

別の企業で同じことをしても、結果はおそらく似たり寄ったりになるはずです。人を動かし、参加してもらうためには理念だけではなく、「やってみよう」と思わせる無理のないしくみが、生活の一部になっていることが必要です。募金箱にお金を入れてもらうためには、まずは財布を取り出してもらわなければなりません。しかし、簡単そうに見えて、この作業はとてもエネルギーを要します。人前で募金することに慣れておらず、「偽善者に見られるのは嫌」と思って寄付をためらう人も多いのです。そうした人を巻き込むためには考え抜かれたしくみが必要なのです。

TFTの「大きなつながり」

「地球のみんなが平和に暮らせるような社会にしたい」
「世界の子どもたちに温かい食事を届けたい」
「数年後に水没してしまう島国を救いたい」

今までであれば「何を夢みたいなこと言ってるんだ」と言われそうな、そんな「想い」がたくさんの専門家を束ね、しくみを生み出し、大勢の一般の人たちの参加を経て、大きなつながりを形づくります。

TFTでも、こうしたつながりの輪が少しずつ広がっています。

これまで、TFTと一般企業がつながるのは、食堂プログラムが主でした。今後はそこに主軸を置きつつも、それ以外のしくみも増やし、さらに輪を広げたいと考えています。

ここでは、TFTの活動領域である「食・食事」を本業とする企業とのつながりが大切になってきます。既にいくつかのプロジェクトがはじまりました。

有機野菜などの安心食品を宅配販売する「オイシックス」では、同社が扱うカレーライスやベーグル、フルーツジュースなど、一部商品をTFT推奨食品として販売してもらっています。健康食品の宅配サイトである「スマイルダイナー」では、冷凍総菜セットや糖尿病予防食などの商品を一食分購入すると、購入者と企業のそれぞれが十円ずつTFTに寄付するしくみをつくってもらいました。

この二つは、経営者の方と想いがつながって、TFTを彼らの事業に組み入れて展開してもらうことができました。NPOと食を本業にする一般企業がつながり、適正な利益を見込めるビジネスとして展開しているのです。

これがさらに進化した例が、前にご紹介した三國シェフとコンビニのスリーエフ、そして横浜市とのつながりです。NPOと一般企業に自治体も加わり、それぞれの強みをいかし、専門機能を結集しています。協力する専門家が増え、しくみが進化し、これまで以上に多くの一般の人が参加してくれることで、TFTを核とした「大きなつながり」の課題解決能力は確実に高まっていることを感じます。

「想い」が一気につながる瞬間

二年あまり、僕はＴＦＴの事務局長として社会事業に関わってきました。

そこでいつも感じるのは、想いを一つにして、利害関係や組織の壁を乗り越え、人がつながっていくことの素晴らしさです。

僕がこれまで勤めていた一般企業では考えられないレベルで人が動き、組織が動き、一つのものに向かって変化の流れが音を立てて生まれる。そして、予想もしなかったような規模とスピードで社会が変わっていくことを実感する。そんな経験を何度もしてきました。

世界の多くの問題は、既存の組織や役割などの壁の中にいては、到底解決できないところにまで大きく複雑になっています。これをどうにかしたいと思ったら、まずは自分個人のまわりの壁を壊すことからはじめなければならないでしょう。

個人を取り巻く壁には、いろいろなものがあります。

長らくやってきた仕事上の価値観や制約条件、会社の組織構成や文化など、毎日を過ごす上で当然だと思っている壁を、一度取り払ってみてください。

もちろん、それはそんなに簡単なことではありません。

ただでさえ忙しい毎日の中で、世界の課題について考えることは大変ですし、会社や組織の中の立場を超えて行動を起こそうとすれば、異を唱える人も出てくることでしょう。

実際、さまざまな団体の人を集めて社会問題を討議する場はたくさんありますが、そうした「○○プラットフォーム」「○○協議会」などの場は、参加者が所属団体の権益を守ることに終始するなど、あまりうまく働いていないことが多いようです。

でも、僕は今の仕事をしている中で、ランチを食べてアフリカの食事情について話す人たち、アフリカの子どもが給食を食べている写真を見て笑顔になる人たちに出会ってきました。そうした瞬間、その人たちが何かの壁を超えている、そう感じることも事実です。

僕はTFTという日本発の優れたしくみを世界に広めたいと思っています。

そして、世界中のすべての人が同じように食事をとれる世の中にしたいと願っています。その想いに共感してくれる人であれば、ふだん、どんな場所で何をしている人であっても、きっと一緒にやれることがあるはずです。

日本のあらゆる場所で、想いを一つにする人たちとつながりたい。

図11
「大きなつながり」ができるまで

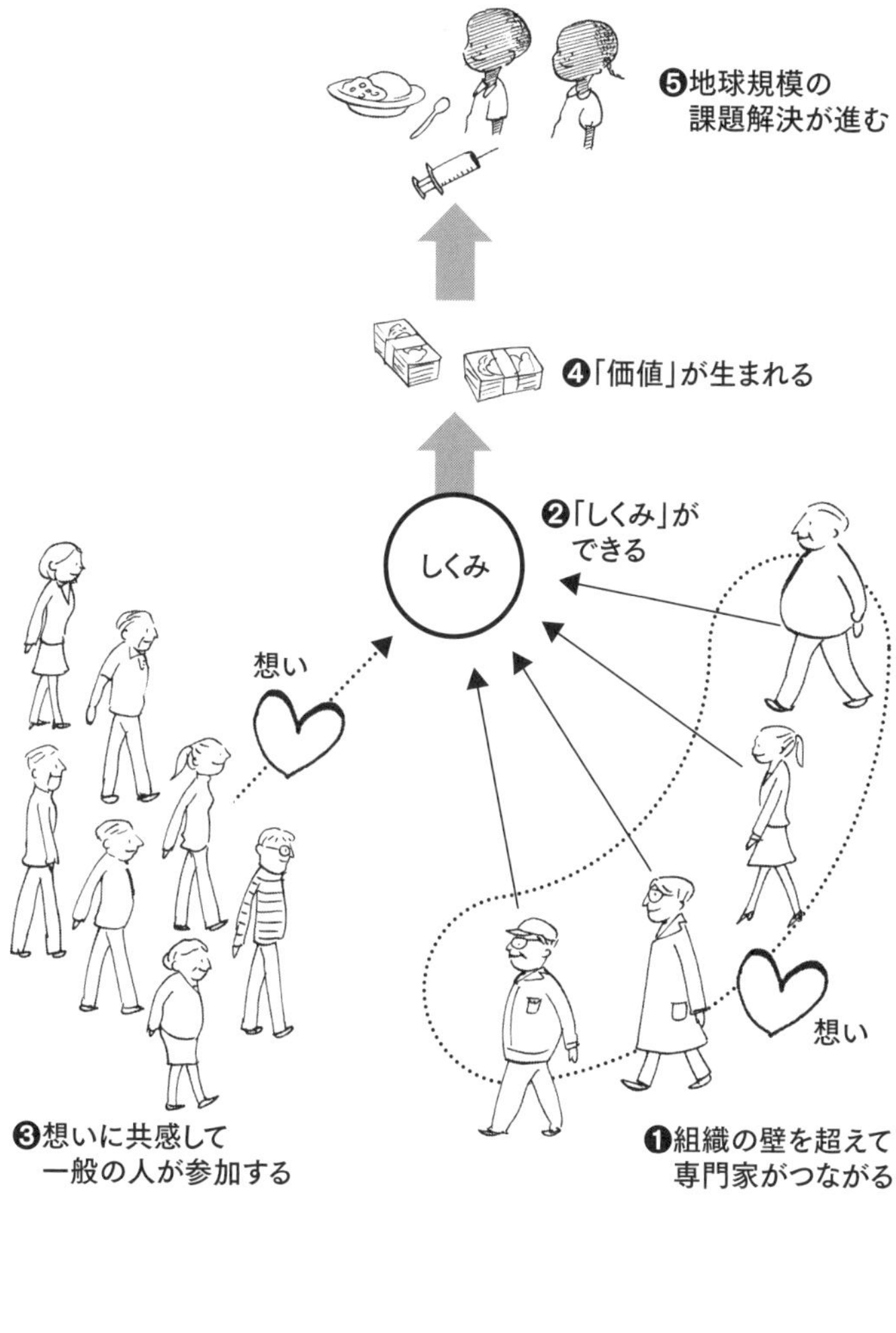

❺地球規模の
課題解決が進む
❹「価値」が生まれる
❷「しくみ」が
できる
しくみ
想い
想い
❸想いに共感して
一般の人が参加する
❶組織の壁を超えて
専門家がつながる

ＴＦＴはそれができる存在であり、しくみでもあると信じています。

「想い」の発信源は誰なのか、何なのか。個人なのか、組織なのか。今の僕はここにはっきりした答えは出せずにいます。

でも、一つ言えるとしたら、大切なのは権威や肩書きではなく、そこで語られる「想いの確かさ」であるはずだ、ということです。

想いを具体的に描き、それを見た人は確かに社会がよりよくなるという実感と実現できる可能性を感じる。そうしたとき、想いに引き寄せられて多くの人が壁を乗り越えて集まってくるようになるのです。やがて、それが大きなつながりをつくり上げ、これまで到底解決できないと思われていた地球規模的な課題に立ち向かうことができる。

それほど「想いによるつながり」はすごいものなのです。

マラウイで芽生えた新しい「想い」

ＴＦＴは、現在、ウガンダ・ルワンダ・マラウイというアフリカの三ヵ国に学校給食を届けています。どの国も最貧国と呼ばれ、食の不均衡の影響を受け、地方の農村地域では日々の食事もままならない状況です。学校給食がなければ、一日ほとんど何も食べられないという子どもたちがほとんどです。僕は事務局長になって以降、この三ヵ国を訪れ、自分たちの送った寄付金が実際にどのようにいかされているのかを見てきました。

この本を書いている最中に、三ヵ国中最後の訪問地となったマラウイに行ってきました。マラウイは三ヵ国の中で一番貧しく、もっと言えば僕が生涯訪れた国の中で最も貧しい、という印象です。

古い教会を借りて教室にしている学校、建物すらなく校庭に椅子を並べて授業をしている学校。そして多くの学校には調理室がなく給食が出せていません。なんとか給食を出している学校でも食堂はなく、子どもたちが雨が吹き込み風が叩きつける軒下で濡れながら食事をしている光景を目の当たりにしました。食器も揃わず、学校の先生たちから「お皿とスプーンをなんとか支援してもらえないだろうか」と真剣に頼まれるのです。

こうした光景を見て、話を聞くことで、子どもたちの学校給食を届けることに加え、「食」というテーマで僕たちのできることはまだまだある、と改めて実感しました。

もちろん、一方的に与え続けることが支援の理想型ではないと思っています。

僕の考える理想は、現地の人たちが自分たちの力で自分たちの環境を改善し、貧困の悪循環から抜け出すことです。TFTの活動でも、いずれは支援がなくなることを前提に、現地の学校給食事業の運営の大半を子どもたちの両親や地域の住人に任せるようにしています。薪拾いや水汲み、調理、配膳、片付けまで、親たちが交代制で担っているのです。TFTを含む外部団体からの支援は、給食室の建設と主食の原料であるトウモロコシの粉を提供することです。それらもすべてを支援するのではなく、たとえば建設に使う資材の一部を両親や村に調達してもらったり、村で農業指導を行ってトウモロコシを栽培してもらったりしています。

どんな事業でもそうですが、一番大変なのは立ち上げ時期です。学校給食事業も同じで、特に、これらのアフリカの国々では事業を立ち上げるための資金や知識が圧倒的に不足しています。僕たちは事業を立ち上げるための資金提供と教育支援をして、ひとたび軌道に乗ったら、あとは現地の人たちが自分たちの力で給食事業を続けていくことを基本にしたいと思っています。

マラウイの訪問で現地の様子をじっくり観察して確信したのは、この立ち上げ時期の支援を必要としている村や学校がまだまだたくさんある、ということです。外部からの支援によって給食事業が軌道に乗りはじめた地域は国全体の一、二割程度といった印象でした。これはきちんとした報告書や専門家の裏付けがあるわけではありませんが、現地を自分の目で見てきた実感としての数字です。給食がない多くの地域では、子どもたちは空腹しのぎに果物をかじる程度で、まともな食事をほとんど食べられていない状況なのです。

マラウイから帰途につくころ。

飲んだ水が原因か、僕はひどい食あたりになってしまいました。七転八倒するような胃の痛みに襲われ、食べものも飲みものもほとんど受け付けません。それでも、長期出張でたまった仕事を放っておけず、よろよろと事務所に足を運びました。

食事をちゃんととらないと、急に元気がなくなります。

そして、笑えなくなります。

仕事柄、笑顔が必要な状況もあるのですが、この数日はかなり無理をしないと笑顔がつくれなくなりました。

そんなとき思い出したのが、マラウイの子どもの笑顔とそのすごさです。いつもお腹を空かせながらもあのきらきら輝く笑顔でいられる、そのことに改めて驚かされました。

校長先生、そして子どもの母親たちが言っていました。「学校給食はマラウイの子どもたちの未来につながる」のだと。給食を食べて一所懸命勉強した子どもたちは、高等教育を受けるために進学し、よい仕事に就き、そして貧困から脱出していく。

子どもたちに、よりよい未来を生きてもらいたい。マラウイの学校で出される給食は、そんな親や先生たちの想いが込められている食事なのです。

「ムワンダマ」という小さな村で、子どもたちや先生と手を取り合った瞬間、僕の中で新たな「想い」が生まれました。それは、「マラウイの国中の子どもたち全員が、温かい給食をお腹いっぱい食べられるようにしたい」ということ。

そして、この「想い」が、TFTの「しくみ」によって、時間と空間を超え、彼らと彼らの国、そして僕と僕の国を確かにつなぐはず。そうした希望と確信に満たされたのです。

おわりに

想いはきっと社会を変える

二〇〇八年の北京オリンピック、女子ソフトボールの決勝戦をテレビで観戦していた僕は、アメリカチームの最後のバッターが三塁ゴロに終わり、日本の金メダルが確定した瞬間、全身に鳥肌が立つような感動を覚えました。

中でも、驚くべきは日本のエース、上野由岐子投手です。二日間で三試合完投し、投げた球数が四百十三。常識では考えられません。

その常識を超える快投を生み出したのは、なんとしても優勝したいという上野投手の強い想い。そして上野投手をそういう想いにさせるだけの雰囲気がチームにみなぎっていたからだと思います。

そういう状況に置かれると、人は思いもかけない力を発揮する。全身全霊をかけるというのはそういうことです。そして、その姿は必ず周囲の感動を呼び起こします。

逆にどんなに如才なく立ち回っているように見えても、それが義務感や役割意識によるものであったら、そんなものに人は心を打たれないでしょう。同様に、損得勘定で動いている人も多くの人を熱狂させることはできないはずです。


そこで、質問です。

あなたは最近、仕事で何人の人たちを笑顔にしましたか?

あなたの仕事で、誰かが喜んだり、元気になったりしているという実感がありますか?

もし、考え込んだり、答えに窮してしまったなら、あなたは自分の仕事に全身全霊をかけていない、あるいは、そうしたいと思える仕事をしていないのかもしれません。


僕自身がそうでした。いつだってたぎるような情熱で仕事にのぞみたいと心の内では思っているのに、気が付けば、いつもどこかに燃えかすのようなものが残ってしまう。

やがて、それは自分が本当にやりたいことをやっていないからだとわかりました。そして、僕がやりたいことは何だろうと考え抜いて、出した結論が「世のため人のためになること」。何のことはない、答えは子どものころからずっと心の中にあったのです。

そして、TFTとの出会いという幸運に恵まれ、僕は自分の想いを仕事にする方向に踏み出しました。それは決してラクな道ではなく、苦難の連続の日々であり、それは現在も続いています。でも、後悔はまったくしていません。なぜなら、そこでの仕事には僕が探し求めていた感動があったからです。

ラジオ番組に出演して話をしたら、自分も開発途上国の子どもたちのために役に立ちたいとなけなしのお金を送ってくれた年配の聴取者。大学で僕の講演を聞いて食糧問題に関心を持ったと言い、「とりあえず食事を残さないようにすることからはじめました」と手紙で教えてくれた大学生。TFTのヘルシーメニューとは別のものを食べるときも、「いいことをすると気持ちがいいから」と必ず二十円の寄付をしてくれる銀行員。

僕たちの想いが伝わって、彼ら、彼女らの心に火が灯ったのです。そういう人たちと出会うたびに、僕は胸がいっぱいになって、本当にこの仕事をやってよかったと心の底から思います。

アフリカで現地の子どもたちの笑顔を目の当たりにしたときもそうです。

日本にいると、世界中の人が自分たちと同じような食生活を送っている気になりがちですが、一日三食きちんと食べられることは、決して世界の常識ではありません。

最貧国では、その日の食事が学校の給食だけ、という子どもたちがたくさんいます。彼らにとって給食はまさに命の糧なのです。だから、給食を食べるために学校に来るのです。たとえ食事が目的であっても、学校に来れば子どもたちは授業に出て、先生の話を聞き、勉強します。それはそのまま彼らの将来を明るくすることにつながるのです。

給食を食べている子どもたちの多くは、日本という国がどこにあるのかを知りません。でも、その給食は間違いなく、日本人の寄付によってできている。だから、今こうして彼らを底抜けの笑顔にしているのは日本人の善意なのだ、と感じます。


そして、日本人の善意を開発途上国の子どもたちに届ける役目を担っているのがＴＦＴ。自分の仕事で人の心が動き、笑顔が生まれたのです。こんな気持ちを味わえるのですから、どんな困難にぶち当たっても逃げ出そうなんて思いません。


僕は、「誰もが善意のために働くべきだ」などという気はありません。

ただ、僕自身は同じ働くのであれば、完全燃焼できる働き方をしたいと思っています。自分の評価や報酬を上げることに生き甲斐を感じる人がその目的のために全力を尽くすことはいいでしょう。でも、今の世の中を見ていると、自分やお金のためよりも、不遇をかこっている人や虐げられている人を救ったり、そういう人が生まれない社会をつくることに貢献したりすることに、より大きな喜びを感じる人が確実に増えている、そんな気がしてなりません。

そして、そういう人たちは、自分の想いに素直に生きてほしいと思います。

この社会をもっとよくしたいという人たちが、それに真剣に取り組めば、きっと至福の瞬間を味わうことができるはずです。すると、それを見た、同じ想いを持った人が必ずあとに続きます。やがて、あたかも湖面に波紋が広がるように、この社会は、大きな想いの輪に包まれていくことでしょう。

何かが劇的に変わるというのは、そういうことなのだと思います。

小さなしくみで革命を起こす

二十円で買えるものというと、何があるでしょうか？

「うまい棒」二本。

日本ではそんなものでしょう。ポケットに入れておいた十円玉二枚は、いつの間にかなくなっても、「まあいいや」で済んでしまう金額です。


でも、世界にはお腹を空かせた子どもがたくさんいて、その子たちは二十円あれば、ちゃんとした食事が一回食べられる、そう知ったらどうでしょうか？

へえ、そうなんだ、と少し二十円の価値を見直すかもしれません。それでもやっぱり、ほとんどの人にとって、二十円はまだ「うまい棒二本」でしかありません。


それが、お腹を空かせた子どもが目の前にいて、誰かに「どなたか二十円寄付していただければ、このお皿いっぱいの食事を今ここにいる子どもに食べさせることができます」と言われたらどうでしょう？

わざわざ家に財布を取りに戻るのは面倒だけど、ポケットを探って十円玉が二枚見つかったら寄付してもいいかな、そんなふうに思う人が出てくるのではないでしょうか？

二十円を差し出すと、子どもの前においしそうな料理が運ばれてきて、子どもはそれをうれしそうに平らげ、あなたに向かって満面の笑みを送る。

その瞬間、「ああ、よかったな」と、なんだか幸せな気分になるのではないでしょうか。そして、「またこういう場面に遭遇したら寄付しよう」と、ふだんから二十円を大事にするようになるかもしれません。

そんな気分を味わえる人を一人でも増やす。僕が仕事でやっているのは、そういうことなのです。

世界には満足に食事ができない子どもたちがいる、そういうことはなんとなく知っているし、気の毒だなとも思う。けれども、自分では助けてあげようもないから、ちょっと目をつぶっておこう……。

僕は、こういう気持ちを責めようと思わないし、また、誰も責められるはずがありません。だって、僕自身も長い間そう思ってきたのです。

遠い国で起こっていることまで「先進国に生きるあなたの責任なんだから、どうにかしろ」と言われても、それは無理な要求でしょう。責任をとるどころか、関わり方もわからない。何もやりようがない、というのが多くの人の本音だと思います。そして、何もできないのであれば、とりあえずなかったことにして無視するより他にない。そうしないと穏やかに日常生活を送ることができなくなってしまいます。

でも、もしその遠い国と今いる場所が、ドラえもんの「どこでもドア」のようなものでつながったらどうでしょう。遠い国の問題が放っておけない現実味のある問題として立ち上がってくるはずです。

そして、ちょっとしたアクションを起こすだけで、その問題を少しだけ解決できるしくみが用意されていたら。そうなったら、今度は無視し続ける方が落ち着かなくなってくるでしょう。しかも、そうすることで精神的な満足が得られるだけでなく、食べ過ぎて肥満気味の我が身も恩恵を受けることができるとなれば、参加したい気持ちがさらに高まるのではないでしょうか。

今、まさにカツ丼の大盛りを食べようとしている人のところに走って行って、その耳元で「あなたはアフリカでお腹を空かしている子どもたちのことを考えないのか！」と大声で言ったところで、言われた人は嫌な気持ちになるだけでしょうし、食べようとしていたカツ丼だっておいしくなくなってしまいます。

こう言って怒る人も、まったくの善意なのでしょう。でも、こんなふうに「いいことをするべきだ！」なんて言われなくたって、誰の心の中にも、「いいことをしたい」という気持ちはあるのです。ただ、みなその方法がわからなかったり、素直に気持ちを出すことが恥ずかしかったりするだけなのです。

だから、「いいことをするべきだ！」と言うのではなく、「こうすればたいして無理をしないでいいことができますよ」「あなたの気持ちをこういう形で届けますよ」、そう言えるだけのしくみを用意すればいい。そうすれば、みんな喜んでそのしくみを使ってくれるはずです。

社会起業家というのは、そういうしくみをつくる人なのだと、僕は思っています。しくみをつくり、新しい価値を生み出し、上がった利益を最適に配分する。そう、それはまさしくビジネスです。ただ、しくみをつくる目的がちょっと違うだけなのです。

この社会には、人が喜んで、いいことをしたくなるしくみがまだまだ不足しています。だから、社会起業にはやることがいっぱいあるのです。なにしろそこら中が手つかずのフロンティアなのですから、新しいことを考えるのが得意な人や、クリエイティビティに自信のある人にとって、これほどエキサイティングで楽しい業界は他にないでしょう。

社会起業の面白さは他にもあります。

それは、「自分の考えたしくみで社会を変えられる」ということです。

この世界はあまりに不完全なので、いたるところに歪みや偏りがあり、そういうところではいろいろな問題が発生しています。しかし、僕は解決できない問題はない、と信じています。歪みや偏りの原因を探り当て、そこを修正すればいいのです。

もちろん、それは一気にはできません。人類の長い歴史の中で発生した歪みや偏りを力まかせに直そうとすれば、別の場所がまた歪んだり、亀裂ができたりしてしまいます。昔の革命家は、それを知らなかったのでしょう。だからドラスティックに変革を起こそうとして、その結果、多くの血が流されることになったのです。

変革は決して焦ってはいけません。

一ミリずつゆっくりと、望ましい方向に変えていかねばならない。そのために必要なのが、多くの人の小さな力を、継続的に集めていくしくみなのです。

そして、そういうしくみがたくさんできればできるほど、社会が変わる速度は速くなっていくのです。

世の中にたくさんの社会起業家が現れ、彼らがつくるしくみが社会を変える。
そう、社会起業家は、現代の革命家でもあるのです。

増補

「想い」と「しくみ」は十年でどこまで届いたのか？

――これまでのTFT、これからのTFT

TFTの十年間の足取り

TFTが二〇〇七年十月に特定非営利活動法人の正式認可を受けてから、気がつけばもう十年が過ぎました。

僕自身、もともと社会事業の経験があったわけではありません。世界の食の不均衡を是正して、開発途上国の貧困と、先進国の肥満（メタボリック・シンドローム）をともに解決するという自分の「想い」と、企業の社員食堂などにヘルシーメニューを提供してもらい、価格にプラスした二十円を支援している国の子どもたちの給食費一食分にあてる「しくみ」、この二つだけが拠り所の起業でした。

すべてが手探りの船出であり、船が動きはじめてからもしばらくは、正確にいうと現在に至るまで、試行錯誤の連続です。大航海時代のマゼランやコロンブスがそうだったように、連日のように起こる想定外の困難やトラブルを乗り切るのが精いっぱいで、憧れの地に到着したときの晴れ晴れしい姿を思い描く余裕などどこを探しても見つかりません。十年後どころか、来年自分がどうなっているかすらわからないというのが、当時の僕の正直な気持ちです。

それでも、立ち上げから二年間で、百を超える企業や団体がＴＦＴの趣旨に賛同し、アクションを起こしてくれました。その結果、ルワンダ、ウガンダ、マラウイ三ヵ国の子どもたちに約六十万食の給食を送ることができたのです。

少しずつだけど、想いは確実に形になりつつある。ようやく、手ごたえらしきものを感じられるようになってきたものの、財政的にはずっと厳しい状態が続いていました。

転機の訪れは、起業から三年目の二〇〇九年です。

三月に、本書の元となっている僕の最初の著作、『「20円」で世界をつなぐ仕事』を出版しました。まだ何を成し遂げたわけでもないのに、本なんて出してもいいのだろうかという心配をよそに、予想をはるかに超えるたくさんの人が本を手に取ってくれたのは、僕ではなくＴＦＴの事業に、それだけの人を惹きつける魅力があったからでしょう。特にうれしかったのは、若者のサポーターが増えたことです。本を片手に訪ねてくるすべての学生が、僕には希望に見えました。

また、本がきっかけでテレビや雑誌の取材が増えたことは、単純にありがたかったです。ＴＦＴの知名度や認知度が上がれば、その分営業がやりやすくなるのはわかっていました。でも、当時は人的にも予算的にもギリギリの状態で、日々の業務をこなすのに精いっぱいで、とてもじゃないが広報活動にまで手が回らない。メディアへの露出は願ったりかなったりだったのです。決して僕が出たがりというわけではないので、そこは誤解しないでください。

そして、ようやくこの年にＴＦＴは、念願の黒字転換を果たします。僕たちが取り組んでいる課題は地球規模です。一朝一夕で解決できるものではありません。しかし、長期的視点で取り組もうにも、赤字続きの組織では継続は困難です。だから、一日も早く黒字体質にしなければならないといつも考えていたので、三年目でようやくそれが実現できて、心底ほっとしました。ちなみに、四年目以降もＴＦＴは、毎年一～二億円の収益を確保しています。

こうして財務状態が安定し、マネジメントスキルも上がって業務が効率的に行えるようになると、ＴＦＴとしてもっとできることがあるのではないかというさまざまな可能性を、考えられるだけの余裕が生まれてきました。十年前、僕は本書の第3章の最後に、「多くの人の気持ちに火を『灯し続ける』ためには、こうしたしかけを、なるべくたくさんつくっていくことが大切」と書きました。思えば、あのときがＴＦＴの第二幕のスタートだったのです。

最初の挑戦は、給食室の建設でした。

日本で協賛企業を開拓し、寄付金で途上国の小中学校に給食を提供するというのが、Ｔ

ＦＴの基本的なスタイルです。しかし、これだと給食室がない学校や、あっても設備が不十分で全員分の給食をまかなえないようなところは網の目から漏れてしまって、支援することができません。どうにかならないものかと思い悩んでいたら、あるときふと、だったら給食室を建ててしまえばいいのではないかというアイデアが頭に浮かんだのです。

ただ、企業や団体には、途上国の子どもたちの給食にあてると説明して寄付をいただいているので、そのお金を勝手に違う目的で使うことは許されません。そこで、協賛していただいているいくつかの企業にこの計画を話したところ、オイシックス（現オイシックス・ラ・大地）が資金提供を引き受けてくれるというのです。それで、ルワンダの二つの学校に給食室をつくりました。もちろん、今も稼働しています。学校や役所との打ち合わせや業者の手配、建築許可の取得など、やってみてはじめてこんなに大変な作業だったのかと思い知らされもしましたが、最初の給食が配られたときの子どもたちの笑顔を目の当たりにしたら、それまでの苦労なんてすべて吹き飛んでしまいました。

ＴＦＴウェイ

ＴＦＴの業務は、今もどんどん広がっています。

国連やアメリカの巨大なＮＰＯのようなところでは、自分たちはどの地域でどういう支援をするかがきわめて具体的で、メンバー一人ひとりの役割も細かく決まっているのが普通です。意地悪な言い方をすれば、彼らはあらかじめ定められたこと以外はできないし、関心を示してくれることすら少ないというのが、正直なところです。

かつて、エチオピアで国連の仕事の一部をＴＦＴが引き継いだときに、こんなことがありました。それまでの給食のメニューを見せてもらうと、ほとんどがトウモロコシの粉。テキサスあたりの農家で余っていたものを大量に仕入れてきたのは明らかで、お世辞にもおいしそうには見えません。それを毎日食べている子どもたちの反応も、大半が「嫌い」「まずい」です。たぶんそんなことは国連の人たちもわかっていたのだと思います。でも、それを汲み取るしくみが彼らにはなかったのでしょう。

僕たちはまず子どもたちに、何が食べたいのか意見を聞いてみました。すると、圧倒的に多かったのが「炒《い》り豆」。これは地元で採れる豆を炒った料理で、調べてみるとこの豆は、トウモロコシより栄養価も断然高いのです。そこで、給食のメニューを炒り豆に変更すると即座に決めました。子どもたちが喜んだのはいうまでもありません。

ＴＦＴは大組織ではないのでできることは限られていますが、このような柔軟性やフットワークのよさこそが、僕らのような小さいところの強みなのです。

　また、もともと僕は、水も漏らさぬほど周到に準備をしてからものごとをはじめるというより、方向性が決まればとりあえず動き出して、細かいところはあとで修正すればいいというタイプなので、トライアンドエラーを繰り返しながら完成度を高めていく方が、むしろやりやすいのです。

　ＴＦＴの業務も、他のＮＰＯのやり方をみたり、協賛企業や支援先の人たちの声を聞いたりしながら、もっといいやり方に改めることに躊躇はまったくありません。

　今では、それがＴＦＴウェイ、すなわち僕らの価値観であり行動指針になったと思っています。

「学校菜園」で途上国の現場とも【提携】

　ＴＦＴの活動をはじめたばかりのころ頭にあったのは、とにかくできるだけ寄付をたくさん集めて、提供する給食の数を増やすことだけでした。ところが、それを何年か続けているうちに、給食（物資）の提供という一方的な支援の形態は、彼らの自立しようという意志や機会を削ぐことにつながっていないだろうか、と考えるようになりました。つまり、ＴＦＴのシステムには、「このままじゃいつまで経っても相手が自立できない」という重大な弱点があることがみえてきたのです。

それに、「給食を用意してくれるのはうれしいけど、施しを受け続けるのはちょっと……」と支援先の人たちも、実はTFTのやり方にいくばくかの不満を持っていることもわかってきました。それはそうです、彼らにも人間としてのプライドがある。そんな当たり前の感情を、僕たちのしくみはすくい取れていなかったのです。

どうしたらこの問題を解決できるだろう。考えに考えて僕たちが出した答えが「学校菜園」。学校に畑をつくり、子どもたちの手で食材となる野菜を育ててもらうのです。

ただし、ことはそう簡単ではありません。もちろん、学校菜園用の設備や、種や苗を購入するための費用を支援することぐらいはすぐできます。でも、せっかく菜園をつくるのだから、そこでは日ごろ不足している栄養価を補うのに最適な野菜や穀物をつくってほしいし、化学肥料や殺虫剤に安易に頼らず、できるだけからだにいいものを、子どもたちには食べてほしいじゃないですか。そうなると、農業に関しては素人で、経験もないTFTだけでは限界があります。

そこで、最初に着手したマラウイでは、農務省の農業指導員だった人たちがいる団体と組むことにしました。すると、やはり餅は餅屋です。鶏がたい肥づくりに必要な微生物まで食べてしまわないよう、たい肥をつくる場所のまわりには必ず囲いをつくるとか、畑の柵と一緒に蔓性の植物を植えておくと、柵の強度が増して害獣を防ぐ効果が高まるとか、そういう細かいことまで教えてもらえたおかげで、大きな失敗をしないですみました。

やはり、自分たちの専門外のことに手を出す場合は、その道のプロに加わってもらうのが一番です。このとき学んだ教訓は、この先も様々なところでいきました。

こうして学校菜園づくりは順調に進むかと思われていたところに、また新たな壁が立ちはだかります。それは、水です。マラウイの中でも僕たちが活動している地域は、年間を通して雨が非常に少なく、畑に撒く水を確保する手間が尋常ではないのです。ただ、地面を掘れば水が出るということは、情報として知っていました。

だったら掘ればいいじゃん。

ここでもＴＦＴウェイの発揮です。もちろん井戸なんて掘ったことはありませんが、掘削機を持っている団体はいくつか知っていたので、そこに当たって協力を仰げばなんとかなる。菜園づくりのときと同じパターンを考えていたのです。

ところが、今回はそれで解決というわけにはいきませんでした。水を汲み上げるポンプを動かすエンジンの燃料として必要なガソリンの値段が高いのです。せっかく灌漑《かんがい》設備が完成しても、稼働コストが負担できなければ、それはただそこにあるだけの、無駄な施設になってしまいます。

もっと安価な燃料はないだろうか。思いついたのが太陽エネルギーです。これならアフリカのどこに行っても、足りなくなるなんてことはありません。それで、今度は太陽光発電を研究しているところを探し出し、マラウイの現地団体と共同でソーラーパネルで発電した電気で動くポンプを開発しました。これを使って地中の水を汲み出せばランニングコストはかかりません。その後も、太陽光パネルを盗まれるといったアクシデントはあったものの、最終的に理想的ともいえる灌漑設備ができあがったのです。

十年前、「Ｐａｒｔｎｅｒ・ｉｎｇ〔提携〕」として書いたのは先進国側の方ばかりでしたが、途上国の現場とも豊かな提携をしていくことで、よりその地に合った取り組みが可能となっていきました。

学校菜園はたいへん好評だったため、アフリカの他の地域にも広げていって、今では二百近くにまでなりました。その中には地域の人も一緒に参加しているコミュニティ菜園もかなりあります。

基本的には給食の材料になる作物を育てるのですが、換金性の高い商品作物をつくって、その収益で必要な材料を買い求める方が経済的なこともあるので、そのあたりは臨機応変に対処していくつもりです。

「農業支援」でより大きなつながりをつくる

TFTが途上国の学校に提供する給食のメニューは、お粥だったり、豆が中心だったり、小魚が入っていたりと、国や地域によって意図的に変えています。材料はいずれも地元のNPOにお願いして、マーケットで買ってきてもらうのが普通でした。ただ、これだとどうしてもバリエーションに限界があります。また、生産者がわからないというところにも一抹の不安を感じざるを得ません。学校菜園ですべてまかなえればそれに越したことはないのですが、すべての学校でそれをやるのはさすがに難しい。

その改善策として僕らが考えたのが、給食に使う食材を直接買い付けるという方法です。近隣の農家に、この豆をこれだけ作ってくれたらこの金額で買い取るという条件を提示し、了承してくれた人と契約を結ぶのです。それだけでなく、現地の農務省にも協力してもらって、こういうやり方をするともっと収穫量が増えるといった農業教育も行うようにしました。

すると、実際に効果が出て、その分現金収入も増しますから、農家の人も喜びます。「病気になっても今まではお金がなくて病院に行けなかったけど、ようやくこれで治療が受けられます」「儲かったお金で屋根を新しくしました。もう自分たちで雨漏りを直さなくてもいいので、子どもも安心して学校に行っています」といったうれしい報告をいくつも受けました。直接買い付けが、農家の生活向上にもつながったのです。

こんなケースもありました。

タンザニアでは人々が白いイモを好んで食べるので、農家はみな白いイモばかり栽培します。実は、ここにはニンジンのようなオレンジ色をしたイモもあって、昔はこちらの方が多く消費されていたらしいのですが、今では白いイモに押されて、マーケットでもほとんど見かけることもありません。

ところが、給食のメニューを決めるのに、二種類のイモの栄養素を調べてみたら、子どもたちの成長に必要なビタミンやミネラルの含有量は、オレンジのイモの方が圧倒的に多いということがわかりました。だったら使うイモは絶対にオレンジです。しかし、農家は売れるからと白いイモばかり作付けしていて、たまにオレンジのイモを栽培している人がいても、畑の隅で申し訳程度につくっているくらいで、数が全然足りません。それで、子どもが学校に通っている農家の人に理由を説明し、あとで全部ＴＦＴが買い取るということにして、育てるイモの種類を白からオレンジに変更してもらいました。

途上国の農家の人たちは、概して農業の知識が不足しています。加えて、自分たちが育てている農作物にどんな栄養があるのかといったことも、ほとんど何も知りません。だから、僕たちが正しい情報を教えてあげるととても喜ぶし、農家の生活の向上や子どもたちの健康の増進にもつながります。

というわけで二〇一四年からは、学校に地域の人たちを集めて農業のプロフェッショナルに話をしてもらうといった、農業支援プログラムにも力を入れはじめました。

和食育と「本場」アメリカへの進出

どうしたら途上国の子どもたちに一食でも多くの給食を届けられるだろう。TFTをはじめて数年は、いつもそのことで頭がいっぱいでした。ところが、活動を通じてアフリカやアジアの貧しい子どもたちと接するうちに、だんだんとそんな自分に変化が生じてきます。

貧しいのだから、食べられるだけで幸せって、それはないよ。やっぱり、誰だって少しでもおいしいものを食べたいに決まっている。

そんなことを考えはじめたある日、アメリカ式の、化学肥料を大量投入して収穫量を増やすやり方に真っ向から反対し、途上国の人たちに有機農法を教えている、スローフードという団体と知り合いました。途上国の人にもからだにいいものを食べてもらいたいというのが、彼らの活動の大前提。まさに目からうろこが落ちるとはこのことです。すぐに、何か一緒にやりましょうと声をかけ、それがケニアでの食育イベントになりました。

　バランスがいい食事といえばすぐに思いつくのが我らが日本の食事。だから、このときも和食をイベントの題材にしました。昆布で出汁《だし》をとってみそ汁をつくったり、みんなでおにぎりを握ったりしながら、食や栄養に関するいろいろなことをわかりやすく説明するという内容です。

　はじめて食べる日本食に子どもたちは大喜び。お母さんたちからも「ふだん野菜をあまり食べない子どもが、あんなにたくさん楽しそうに食べている姿は、これまで一度もみたことがなかった」と驚きの声が挙がりました。

　やはり、からだにいいものを楽しんで食べるというのは食事の基本なのです。

　以後、ＴＦＴでは、食育のイベントを定期的に開催するようになりました。

　そして、それは途上国だけではなく、アメリカでも行っています。アメリカはみなさんご存じのとおり、たいへんな肥満大国です。これを改善するのは容易なことではありません。一番確実なのは、子どものうちから肥満にならない正しい食習慣を身につけることでしょう。日本では学校給食がその役割の一端を担っています。アメリカにも学校給食はありますが、日本と違うのは、必ずしも栄養バランスが重視されていないという点です。学校が民間業者に丸投げするケースが多く、メニューには、ハンバーガーやチョコレートミルクといったファストフード店を思わせるようなものがずらりと並んでいます。これにサラダバーでも付けば、まだ救いがあるのですが、予算の厳しい貧困地域では、そんなのは夢のまた夢。その結果、貧しい人ほど肥満率が高くなってしまうのです。

それで、アメリカでは二〇一七年から、子どもを対象にした「和食育」のプログラムを運営しています。大人になったときに偏食にならないよう、正しい食習慣を身につけることと、食の大切さについて考えるきっかけを増やすことが目的です。日本の食材を使って栄養バランスのとれたお弁当をつくったり、日本式の「いただきます」「ごちそうさま」で、食べ物やそれをつくった人への感謝を促したり。子どもたちがパンダのおにぎりに大喜びする姿を目にすると、本当にうれしくなります。

和食育は思ったよりすんなりとアメリカで受け入れられました。その背景にあるのは西海岸を中心とした和食ブームです。和食イコールヘルシーという認識が広がっている今は、和食育を普及するには絶好の環境だといえます。

今後はヨーロッパにも和食育を浸透させていきたいと、計画を練っているところです。ただ、イタリア、フランス、スペインなどは、人々が自分たちの地域の食に並々ならぬこだわりとプライドを持っているので、入り込むのは容易なことではありません。とりあえず食へのこだわりが日本と似ていて、ヘルシー志向の高まっているドイツを橋頭堡《きょうとうほ》にしようと作戦を立てているところです。

「おにぎりアクション」で社員食堂以外にもサポーターを

現在のＴＦＴは収益や協力企業・団体の数では、日本のＮＰＯの中ではかなり大きい方だといえます。しかしながら、専従スタッフは七名だけ。内訳はフルタイムが四名、パートが三名です。あとはインターンの学生や、不定期に手伝いにきてくれる人もいますが、全部合わせてもせいぜい十名がいいところでしょう。立ち上げ当初は私と事務局長の安東迪子の二人体制でしたから、それなりに人は増えてはいますが、十分な活動を行うには、本当にギリギリの人数です。「Ｐｅｏｐｌｅ［組織・人事］」で指摘したボトルネックは、そこまで大きく改善できたとは言えません。

それでも、新たにファンやサポーターを獲得したり、イベントやＰＲへの協力をお願いしたりといったことは、ＴＦＴの活動を広げる上では欠かせません。そこで、僕らはフェイスブックやインスタグラムといったＳＮＳを積極的に利用するようにしています。これらは直接個人にアプローチできるので、途中に企業の論理を介在させなくてすむという点でも、実にTFT向きだといえます。

そのSNSの力を僕らも思い知らされたのが、二〇一五年にはじめた「おにぎりアクション」。これは国連が定めた世界食糧デー（十月十六日）を記念してTFTが行った「百万人のいただきます！」キャンペーンの一環です。

「日本のソウルフード『おにぎり』を食べて、アフリカ・アジアの子どもたちに給食をプレゼント」と謳ったこのプログラムは、「おにぎりの写真」「おにぎりを握っている写真」「おにぎりを食べている写真」など、おにぎりに関連する写真をSNSかTFTの特設サイトにアップすると、その人に代わって協賛企業が写真一枚につき百円、つまり給食五食分の寄付をしてくれるというものです。

初年度は約一万枚の写真が投稿されました。そして、二年目が約十万枚、三年目が約十六万枚と、年を追うごとにその数がものすごい勢いで増えています。しかも、日本のみならず、二〇一七年には世界三十五ヵ国から投稿がありました。それも日本の駐在員などではなく、現地の人が自らおにぎりをつくってくれているのです。SNSがなければ、三年間でこれほどの数の人を巻き込むことは絶対にできなかったでしょう。まさにSNSは僕らのようなNPOにはうってつけのツールだといえます。これからもSNSプラットフォームは開発していくつもりです。

それから、これはSNSではありませんが、カロリーオフセットという新しいプログラムも二〇一四年からはじめています。からだを動かすイベントを開催したり、商品やサービスを企画販売したりして、売上の一部を途上国の菜園づくりなどの費用にあてるという内容です。

社員食堂を中心とした活動だけだと、どうしても限られた人しかTFTに参加できず、それがずっと悩みの種でした。日常生活の中でTFTに触れる機会が増えれば、支援の輪はもっと広がる。おにぎりアクションやカロリーオフセットは、まさにそれを証明してくれたといえます。

こうした取り組みは、第3章でご紹介した5Pの「Promotion［宣伝・広報］」が、さらに進化したものといえます。「個人の発信力」については、158ページにもあるとおり、十年前からブログ等で実験を続けてきましたが、ここにきて、TFTのブランド価値を高める活動だけではなく、個々のサポーターに直接アプローチできるような手段を、僕たちは手に入れたのです。

ＴＦＴの寄付は東日本大震災の被災地に回せないのか

二〇一一年三月十一日午後二時四十六分、宮城県沖を震源とするマグニチュード９・０の巨大地震が発生しました。直後には東北から関東地方にかけての沿岸部を巨大津波が襲い、さらに、被災した東京電力福島第一原子力発電所から放射性物質が漏れ出す深刻な事態も起こります。被害は広範囲にわたり、奪われた尊い命は一万五千人超。いまだに二千五百名もの方が行方不明となっています。

首都圏でも地震当日は交通機関が麻痺し、僕自身も停止した山手線に数時間閉じ込められましたが、直接の被害といえばそれくらいで、スタッフもみな無事だったため、翌日からすぐに通常業務に戻りました。

しかし、ほどなく僕らは、ＴＦＴの「Ｐｕｒｐｏｓｅ［目的・達成目標］」とは何なのか、を深く考えさせられる事態に直面することになります。

「当社のお金を被災地に回してください」

東日本大震災から数日後、ある企業の担当者から連絡が入りました。自社の食堂で集まった寄付金を、今回の地震の被災地支援に使ってほしいというのです。

メディアを通じて被災地の悲惨な状況が明らかになるにつれ、自分にも何かできないかと現地に駆けつけるボランティアの数が日に日に増え、義援金や支援物資も、国内外から続々と集まってきている。

その担当者も、居ても立ってもいられなかったのでしょう。同じ日本人としてなんとか手を差し伸べたいという気持ちは、僕にも痛いほどよくわかります。

しかし、彼女の申し入れを受け入れるわけにはいきませんでした。なぜなら、食堂でTFTのメニューを注文してくれた人は、支払った金額のうち二十円が、途上国の子どもたちの給食になると信じているからです。

それを、勝手に別の目的に使うことは道義的に許されないばかりか、明らかにルール違反。絶対にやってはいけないことなのです。

ところが、僕がそう説明しても、彼女はなかなか納得してくれません。しばらく電話で押し問答が続き、「だったらもうTFTをやめる」とまで言われてしまいました。

これが社会事業の難しいところです。

もともと善意で集まったお金でしょ。それを今目の前で苦しんでいる人たちを助けるために使うことのいったい何が悪いの。

これはある意味、普通の感覚です。そして、そう感じることを僕は否定しません。ただ、TFTは、世のため人のためになることだったら何でもやる団体ではなく、あくまで、世界から貧困と肥満をなくすことを目的として活動する社会的企業なのです。その目的を見失ったら、僕らは存在意義を失ってしまうといっても過言ではありません。

多くの人にとって国内の被災地の惨状は、自分たちの日常にも関わる身近なできごとです。これに比べると、遠いアフリカの地の貧困は、やはり対岸の火事なのでしょう。

だからといって軽視していいということにはならないし、してはいけない。地球レベルでいったら、必ず解決しなければならない問題であり、それこそがTFTのミッションなのです。

もっと具体的な話をすれば、僕たちは途上国の村や学校と、年間これくらいの額を寄付するという契約を交わしています。相手もそれを前提に、食材の購入や給食設備の整備などの計画を立てているのです。TFTがその契約を守らないと、支援先の人たちが困るのはいうまでもありません。そして、それは子どもたちの命に関わることでもあるのです。日本のニュースではあまり流れない、人々の日々の暮らしと遠いところにある問題だからこそ、僕らが頑張り続けなければいけない。僕はそう思っています。

寄付を被災地支援に回せないかという話は、その後も数社からありましたが、やはり同じように対応しました。全員が心の底から納得してくれたかどうか自信はないものの、それでも、最後は、最初に問い合わせがあった企業も含め、今後もＴＦＴプログラムを継続すると言ってくれました。これには感謝の言葉しかありません。

一方で、東日本大震災の被災者のお役に立ちたいという思いは、僕たちにも当然あります。そこで、スタッフで話し合って、通常の業務とは別に、ＴＦＴから被災地に食料を定期的に送ることにしました。

世の中の多くの人にとって社会貢献や人道支援はひとくくりなのです。業務内容だって、一般の企業とそう大差はありません。それなのに、社会事業をやっているというだけで「もっとやれることがあるだろう」と過大な期待をされてしまうことが本当によくあります。

だから、僕はいつもその手の誤解に対しては、どんなに面倒でも、「なぜそれができないか」や「やるべきでないか」といった説明を、できるだけ丁寧にするよう心がけています。もちろん、それにはエネルギーが必要です。けれども、震災のときのこの経験が、遠いアフリカを日本から支援している僕たちのミッションを磨いてくれたのでした。

誤解や思い込みを正すコスト

『「20円」で世界をつなぐ仕事』が世に出てから、一緒に働きたい、仕事を手伝いたいとTFTの事務所を訪ねてくる若者が増えました。社会問題に関心を持ち、それらを解決するために力を尽くしたいという彼らの純粋な気持ちは本当にうれしいし、大切なことだと思っています。

だからといって、スタッフがみな諸手を挙げて歓迎しているかといったら、正直そうとも言いきれません。もちろん、彼らの気持ちを受け止め、育ててあげられるだけの余裕がまだ僕らの方にない、というのが最大の理由です。ですが、TFT、もしくはNPOそのものへの誤解や思い込みに起因するものが少なくない、というのも事実です。

これは仕方がないことなのですが、彼らにはビジネススキルが圧倒的に不足しています。TFTはNPO法人とはいえ、仕事をする主な相手は民間企業や公的機関。なので、基本的なビジネススキルは当然必要だし、財務や法務などの知識も不可欠です。

つまり、NPOというのは、いいことをしたいという気持ちさえあればそれで十分なのではなく、それに加えて水準の高いスキルや知識が必要になる、非常に厳しい世界でもあるのです。このギャップは、一般にあまり知られていないこともあり、ＴＦＴを訪れる若者のほとんどは、実際の仕事のことを知ると面食らってしまいます。

すぐに支援の現場である貧困地域に連れていってもらえると思い込んでやって来る人もいますが、残念ながら無理だと言わざるを得ません。

自分の目で貧困の現状を見たり、地元の人たちと触れ合って見聞を広めたりすることだって必要じゃないか、と言われればそのとおりです。ですが、海外では、役所との折衝や他団体との打ち合わせなど、やるべきことが山ほどあります。厳しいようですが、経験もスキルもない人間に任せられるようなことなど、ほとんどないといっていいでしょう。

それで、最初はどうしても国内の事務所で、書類整理や資料づくりといった地味な仕事をお願いすることになります。そうすると、思い描いていた世界と違うといって、離れていってしまう人が出てきます。

中には、自分で勝手に現地に行き、ＴＦＴが支援している小学校を訪れて、そこでトラブルを引き起こした人もいました。通常、支援期間は一年で、状況をみながら毎年契約を更新するのですが、その人はそのあたりをよく理解しないまま、不確かな情報を先方に与えてしまったのです。

誤解を持っているのは、社会人になりたての若者だけではありません。最初のころは赤字だったという話をしましたが、その当時メンバーに加わった男性が財務諸表をみて、赤字なのにスタッフに給料を支払っているのはおかしいと食ってかかってきたこともありました。ＮＰＯではみな無償で働いているというイメージが、彼にはあったのでしょう。だから、ＴＦＴが人件費を計上していることが許せなかったのです。

さらには、企業とのコラボレーションを批判されたこともあります。企業がお金を出すのは自社の広告宣伝のためであって、そんなお金はアフリカの子どもたちにとって失礼きわまりない。そういう理屈です。もちろん、そんなことあるはずがありません。仮に企業の目的が広告宣伝だろうと、ＴＦＴの活動の趣旨に賛同して寄付してくれているのですから、文句を言う筋合いはないし、アフリカの子どもたちだって感謝の気持ちしか抱かないでしょう。

こういった思い込みや誤解に起因する衝突や行き違いは枚挙にいとまがなく、それらに振り回され、業務に支障が出ることもあります。

ただし、だからといって、僕は彼らを非難しないし、遠ざけたり拒絶したりしようとも思いません。なぜなら、ＴＦＴで働きたいと考え、行動を起こしたということはその人が、困っている人の力になりたいという強い気持ちの持ち主だからです。

だから、衝突や行き違いの背景に誤解や思い込みがあることがわかったら、理解してもらえるまでできるだけ丁寧に説明することを心掛けています。
それもTFTの「未来への投資」の一部なのです。

TFTの行く道

現在、七百二十もの企業や団体が、TFTの活動に参加してくださっています。「Profit［利益・成果］」の面でも結果が出はじめ、収益（寄付金額）も累計十億円を超えました。かつて出演させていただいた『カンブリア宮殿』（テレビ東京）で司会を務める作家の村上龍氏から、番組内で「年間百億円の寄付を目標にしろ」と激励されたことからも明らかなように、まだまだ満足のいく数字とはいいがたい状況です。それでも、設立からわずか十年の団体としては、群を抜く成績だといっていいと思います。日本や米国で募った寄付金により、支援国も当初の三ヵ国から、ルワンダ、ウガンダ、ケニア、タンザニア、エチオピア、フィリピン、マラウイの七ヵ国に増えました。

志半ばで表舞台から去っていくNPOも少なくない中、なんとかこれだけの実績を残すことができたのだから、TFTのコンセプトやフレームワークはあながち間違ってはいなかったのだろうと、今はいくぶんホッとしています。

一方で、これからさらに高みを目指すには、まだいくつも越えなければいけない山が残されているのも事実です。

その最たるものが資本力。欧米のＮＰＯが大企業だとすると、ＴＦＴはまだ中小企業レベルです。たとえば、アメリカでやっている和食育プログラムも、スタッフを増やすことができれば伸ばす余地はまだ十分あります。しかしながら、アメリカの人件費は日本の一・五～二倍。今のＴＦＴの財政規模でさらにスタッフを増やすことは、到底できません。また、アメリカに限らず海外で活動する場合は、商標が非常に重要な意味を持ちます。ちゃんと商標登録していれば、法的にも守られるし、信用にもなるからです。ただ、商標登録にはかなりの費用がかかるため、メリットはわかっていてもなかなかそのための予算が割けない。

監査もそうです。欧米の大企業は契約を結ぶとなると、必ず公的な監査報告を要求してきます。これに対応するには監査法人を入れなければなりません。そうすると一回につき百万円以上かかってしまうので、これも躊躇せざるを得ないのです。

このようにＮＰＯとて成長し続けるためには、資本力は欠かせませんが、ＴＦＴだけでなく日本のＮＰＯは、どこも少ない資本に苦しんでいます。その理由の多くは、企業の経営姿勢と、文化的な要因に根ざしているのではないかと僕は感じています。

例をあげましょう。

二〇一五年九月に開催された国連サミットで、世界のリーダーによって国際社会共通の目標が採択されました。それが「ＳＤＧｓ／Sustainable Development Goals（持続可能な開発目標）」です。欧米の企業はさも当然という感じで、この問題に取り組んでいます。投資家も財務状態だけでなく、その企業が環境や社会に対する責任を果たしているか投資の判断材料にしているし、無責任な企業の商品は買わないという消費者も多い。そのため、企業の社会貢献に対する姿勢が、如実に株価にも反映してくるのです。

一方日本でも、確かに政府や経団連が主導してＳＤＧｓを経営指標の一つとして取り入れようという動きがあり、ＥＳＧ投資（環境、社会、ガバナンスといった見えない価値に配慮する企業への投資）やグリーン購入（環境負荷が小さい商品を購入する）という言葉も一部の投資家に知られるところになりました。しかし、これらはあくまでもまだ一部の動きに過ぎず、一般の投資家や消費者にまで浸透しているとは思えません。「サステイナビリティ（持続可能性）」という言葉はよく口の端《は》に上りますが、その責任を果たさなければ企業の存在自体が脅かされる、というような危機感を経営者が感じるまでに至っていない、というのが日本の現状です。

日本企業の経営目標としてよく耳にする「グローバル経営」ですが、少なくともこうした側面から見ると、他国の「グローバル企業」からはまだ遅れをとっているように僕には見えるのです。

ただし、変化の兆しを感じているのも確かです。特に、若い人たちの意識は、ここ十年で確実に変わってきています。企業に新規営業に行ってＴＦＴの説明をすると、一番熱心に耳を傾けてくれるのは、たいてい端の方に座っている若手社員です。

「もともとＴＦＴの活動に興味を持っていました」

「ずっとやりたかったんです」

そう言ってくれる人も、二十代の社員にはけっこういます。彼らが企業の中で意思決定できる立場になるころには、日本でも社会貢献がもっと自然なものになっているはずです。

それから、ＡＩをいかに活用していくかも、今後の課題の一つだといえます。僕は今年「ダボス会議（世界経済フォーラムの年次総会）２０１８」に参加しました。驚いたのは、もともとコンピュータやドローンといったテクノロジーの分野から、僕らのような社会貢献セクターに参入してきている人たちが、想像以上に多かったということです。最新技術を使って効率的なアプローチを行うというパラダイムシフトが確実に起こっていると痛感しました。おそらく、これからはＮＰＯといえども、自分たちでプログラムが書けるくらいでないと生き残るのは難しいと思います。

ちなみに、今僕がＡＩを活用してやりたいのは、肥満の要因となる生活習慣の解析です。こういう行動が肥満につながるということが明らかにできれば、そこを改善するプログラムがつくれるじゃないですか。

現在、世界には肥満の人が二十億人、飢餓状態の人が十億人います。この十年で飢餓は多少改善しましたが、肥満は逆に増えてしまいました。しかし、僕は、これが解決不可能な問題だとは全然思っていません。人類全体できちんと対処すれば、肥満も飢餓も必ずこの世界から消滅させることができるはずなのです。そのために自分たちができることはすべてやってやろうと思っています。

いつか、この世界から肥満も飢餓もなくなって、テーブル・フォー・ツーはもう要らないね、と言われる日が来る。そのときまで走り続けます。

謝辞

　この本を再び世の中に出すにあたってご協力いただいたみなさまに、お礼を申し上げます。

「これだけ社会的意義のある本が絶版になっていたなんて信じられません」。そう言って、完全版を出版することを強く薦めてくださり、各所への交渉や執筆作業を誠心誠意助けてくださったダイヤモンド社の廣畑達也さんに、まずは何よりの謝意をお伝えします。

　もちろん、この完全版は、十年前に生まれた旧版なくしては生まれませんでした。前回も今回も僕の「想い」を文字にしてくださった山口雅之さん、イラストにしてくださった小谷松明子さん、デザインしてくださった遠藤陽一さんとデザインワークショップジンのみなさん、そしてこの完全版の実現にもお力添えをいただいた旧版の担当編集者、杉崎真名さん、ありがとうございます。

旧版を発行したころ、まだまだ先行き不透明だったＴＦＴは無事十周年を迎えることができました。プログラムを導入してくださった企業とご担当者の方々、各大学で情熱を持って活動を支援してくれている大学連合（ＵＡ）のみなさん、そして、得意のビジネススキルや専門知識をいかして我々の活動を助けてくださっているプロボノやボランティアの方々に、お礼を申し上げます。

そして間借り事務所にデスクを二つ並べていた創業時から、常に心強い同僚として一緒に走ってくれた安東迪子さん、そして、最高の仲間として頑張ってくれているＴＦＴ事務局のみなさん、米国の活動をゼロからスタートさせた上島真弓さん、本当にありがとう。

ＴＦＴの拡大成長に際し、多くの貴重なアドバイスと支援をしてくださった創業メンバーの方々、また、次の十年、二十年を一緒に支えてくれることを引き受けてくれた黒松敦氏、古森剛氏、佐藤俊司氏、牧辰人氏、渡辺伸行氏の新理事のみなさん、この場を借りてお礼を申し上げます。

「世界平和に貢献できる人になる」という「想い」を込めて名前を授けてくださった梶山

智孝上人、両親に感謝します。そして楽しいときも苦しいときも、最高の家族として一緒にいてくれた妻・希世、二人の子どもたちGrazie mille!

最後に、僕にいつもエネルギーを与えてくれるアフリカやアジアの子どもたちに、深く感謝します。

二〇一八年十月　小暮真久

［著者］
小暮真久（こぐれ・まさひさ）
1972年生まれ。早稲田大学理工学部卒業後、オーストラリアのスインバン工科大学大学院で人工心臓の研究を行う。1999年、修士号取得後、マッキンゼー・アンド・カンパニー日本支社入社（ヘルスケア、メディア、小売流通、製造業など幅広い業界の組織改革・オペレーション改善・営業戦略などのプロジェクトに従事）。同社米国ニュージャージー支社勤務を経て、2005年、松竹株式会社入社（事業開発を担当）。
経済学者ジェフリー・サックスとの出会いに強い感銘を受け、その後、先進国の肥満と開発途上国の飢餓という2つの問題の同時解決を目指す日本発の社会貢献事業「TABLE FOR TWO（TFT）」プロジェクトに参画。2007年NPO法人「TABLE FOR TWO International」を創設し、代表理事に就任。社会起業家として日本、アフリカ、米国、ヨーロッパで活動中。2014年から3年間、TFTの活動をよりグローバルに広げるため（そして子育てのため）イタリアに移住するなど、仕事や人生の局面に沿った柔軟な働き方を実現している。
2011年、シュワブ財団・世界経済フォーラム「アジアを代表する社会起業家」（アジアで5人）選出。同年、日本イノベーター大賞優秀賞受賞。2012年、世界有数の経済誌Forbesが選ぶ「アジアを代表する慈善活動家ヒーロー48人」選出。2017年には、「AMFアジア・マーケティング・エクセレンス賞」にて「マーケティング3.0アワード」大賞を、日本で初めて受賞。
著書に、『社会をよくしてお金も稼げるしくみのつくりかた』『人生100年時代の新しい働き方』（ともにダイヤモンド社）、『20代からはじめる社会貢献』（PHP新書）がある。デビュー作である本書『「20円」で世界をつなぐ仕事』は、2010年度のビジネス書大賞新人賞を獲得。

本書は、2009年に日本能率協会マネジメントセンターより刊行された『「20円」で世界をつなぐ仕事』を加筆、修正したものです。

［完全版］「20円」で世界をつなぐ仕事
——想いと頭脳で稼ぐ新しい働き方

2018年10月3日　第1刷発行

著　者——小暮真久
発行所——ダイヤモンド社
〒150-8409　東京都渋谷区神宮前6-12-17
http://www.diamond.co.jp/
電話／03･5778･7232（編集）　03･5778･7240（販売）
編集協力——山口雅之
装丁————遠藤陽一
本文デザイン—DESIGN WORKSHOP JIN Inc.
イラスト——小谷松明子
帯写真———佐々木希世
校正————鷗来堂
製作進行——ダイヤモンド・グラフィック社
印刷————勇進印刷（本文）・加藤文明社（カバー）
製本————ブックアート
編集担当——廣畑達也

ISBN 978-4-478-10550-4

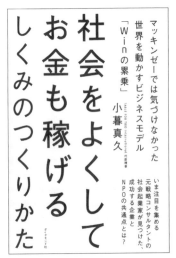